乐龄悦读

程 伟 / 主编

2403

中国社会出版社

国家一级出版社·全国百佳图书出版单位

图书在版编目（CIP）数据

乐龄悦读．2403 / 程伟主编．-- 北京：中国社会
出版社，2024．9．-- ISBN 978-7-5087-7078-9

Ⅰ．Z228.3

中国国家版本馆 CIP 数据核字第 2024FG9609 号

乐龄悦读·2403

出 版 人：程　伟

终 审 人：余细香

责任编辑：朱文静

封面设计：时　捷

出版发行　中国社会出版社

　　　　　（北京市西城区二龙路甲 33 号　邮编 100032）

印刷装订：河北鑫兆源印刷有限公司

版　　次：2024 年 9 月第 1 版

印　　次：2024 年 9 月第 1 次印刷

开　　本：185mm×260mm　1/16

字　　数：210 千字

印　　张：12

定　　价：45.00 元

《乐龄悦读》编委会

《乐龄悦读》指导委员会

《乐龄悦读》指导单位

工业和信息化部离退休干部局

中国人民银行离退休干部局

中国小康建设研究会助老工作委员会

中国老龄事业发展基金会

水利部离退休干部局

北京卫戍区老干部工作办公室

司法部离退休干部局

国家林业和草原局离退休干部局

国家国防科技工业局离退休干部局

国家知识产权局离退休干部部

国资委机关离退休干部局

国资委建材离退休干部局

国资委轻工离退休干部局

国资委商业离退休干部局

目 录

目　录

秋冬季节老年人最好"对症"穿衣

康金芳

秋冬季节，天气越来越冷，不少老年人早早地穿上了厚重保暖的衣服。这样"全副武装"虽然能抵御严寒，但也会造成行动不便以及因血液流通不畅导致疲累等问题。其实，穿衣服和看病一样，也讲究"对症"。

1.心脑血管不好，别穿太紧的衣服

一些紧身的保暖内衣或领口过紧的毛衣会压迫颈动脉，引发血压下降和心跳减弱。患有心脑血管疾病的老年人如果穿这样的衣服，可能导致头晕、恶心，乃至晕倒、休克。因此，老年人在选择衣服时，要选择稍微宽松一些的款式，尤其是领口不能过小或者过紧。

2.肺气虚，穿件小背心

随着年龄的增长，老年人肺功能也会减弱，需要好好养护。有肺气肿、脾胃虚寒的老年人，不妨贴身穿一件棉质或羽绒的背心，可保护后背和腹部，避免肺经受到寒气侵袭。

3.下肢静脉曲张，袜口宜松弛

有下肢血液循环障碍或是静脉曲张等问题的老年人，尤其要注意脚部的保暖。双脚是血管分布的末梢，脚的皮下脂肪比较薄，保暖功能较差。穿袜子时袜口不能过紧，以免影响血液流通。晚上睡觉时也可以穿一双袜子，保持脚部温度。

纸剪情深

孙学铭/剪纸作品

泥鳅炖鸡蛋　养胃又补肾

李德勇

泥鳅味道鲜美，食性平和，阴虚、阳虚体质者食之，均有滋补作用；鸡蛋则是人人皆知的营养丰富的食品。两者"强强联手"，一道"泥鳅炖鸡蛋"便是养胃补肾的食疗佳品。

我年少时有点儿营养不良，夜里要起夜好几次，十七八岁的花季少女却满脸菜色、无精打采，如同一棵霜打的小白菜。能干的二姑心疼我这个唯一的侄女，煞费苦心地研究如何做出美味可口的饭菜，给我补充营养。她听说泥鳅非常滋补身体，于是让二姑父捉来泥鳅，给我做了一道美味又滋补的佳肴。二姑先把泥鳅养在清水里，在水里滴几滴菜籽油，让泥鳅吐尽肚子里的泥沙。再把攒下来的几个鸡蛋蒸成嫩嫩的鸡蛋羹，把蛋羹轻轻地推到锅里的冷水中。最后将泥鳅放到锅中，先猛火烧开，开锅后放一小勺菜籽油，倒点米酒，再小火慢炖。待泥鳅煮得裂开了肚子，再放点剁辣椒、姜丝和葱花等作料，一道美味的泥鳅炖鸡蛋便做好了。盛到碗里，金黄的蛋花、褐色的泥鳅、红的辣椒、绿的葱花，浓浓的汤鲜香扑鼻，趁热吃几口，那种鲜美与醇香，令人终生难忘。泥鳅炖鸡蛋不但让我饱了口福，还治好了我老是起夜的毛病，胃里也没有火辣辣难受的感觉了。在二姑家调养了几天，连吃了几次泥鳅炖鸡蛋后，我的脸上就有了红润。按二姑的话说：这才像个正当年的黄花妹子呢。

后来，泥鳅炖鸡蛋就成了我的"私房菜"，隔不久我就做着吃，胃痛与肾虚的毛病很少再发作。

如果想要学做这道菜，有几点是需要注意的。一是泥鳅一定要吐尽肚里泥沙，并活着放入锅里炖，不可将泥鳅剖开后再下锅。二是鸡蛋要蒸成嫩嫩的鸡蛋羹，先放到冷水中，再放泥鳅，泥鳅把鸡蛋羹搅成蛋花，这样吃起来口感才嫩滑。三是剁辣椒、姜丝、葱花等作料不可少，它们可去掉泥鳅的腥味。四是要先大火烧开，开锅后放一小勺菜籽油，小火慢炖，起锅时放点儿香油口感更佳。只要如此制作，就能吃到既滋补身体又美味的佳肴了！

只将食粥致神仙

李德志

具有保健与医疗性质的粥食在我国流传已久。古人认为粥是"世间第一补人之物"。有一本《粥谱》，其中记载了两百多种粥的做法，宋代大诗人陆游在一首《食粥》诗中写道："世人个个学长年，不悟长年在目前。我得宛丘平易法，只将食粥致神仙。"大力赞扬食粥的好处。陆游一生艰难，却能活到八十多岁，与他平日经常食粥不无关系。

食粥对儿童与老年人更为合适，特别是老年人气血衰竭，生理机能日渐衰退，肠胃分泌功能差，消化液中的消化酶也逐渐减少，胃张力减弱，蠕动缓慢，且老年人牙齿松动、脱落，咀嚼不便，致使其消化吸收能力变差，而粥具有米谷营养，又易消化，确为老年人保健养生的妙品。

我国民间流传着许多"药粥"，它们把药疗与食疗结合起来，有着很好的食用价值。有的药粥疗法已流传了两千多年，诸如可消水肿、治脚气病的赤豆粥，补肺肾、利脾胃的山药粥，祛暑生津的绿豆粥，健脾止泻的扁豆粥，去湿利水的玉米粥，补肾益气的栗子粥，滋润心肺的松子仁粥，温补脾胃的羊肉粥，补血明目的猪肝粥，养肝明目的菊花粥，养心益肾的莲子粥，补中益气的红枣粥，大补元气的人参粥，止咳定喘的杏仁粥等。尤其是夏天，更适合食用解暑清热、生津养胃、易于消化的粥，其中最宜食用的有绿豆粥、菊花粥、莲子粥、百合粥、荷叶粥、白扁豆粥、薏米粥、冬瓜粥、白木耳粥等。在民间还流传着《粥疗歌》，抄录于下：

若要不失眠，煮粥加白莲；
若要皮肤好，大米煮红枣；
气短体虚弱，粥里加山药；
心虚气不中，桂圆煨米粥；
清退高热症，煮粥加芦根；
头昏多汗症，煮粥加薏仁；
便秘补中气，藕粥很相宜；
夏令防中暑，荷叶同粥煮；
若要双目明，粥中加旱芹。

秋天吃梨正当时

王文咏

民间有句谚语："一颗荔枝三把火，日食斤梨不为多。"梨味甘、微酸，性寒凉，具有生津止渴、润燥化痰等功效，深得人们喜爱。入秋正是吃梨的最好季节，那么，它对人体究竟有哪些益处，吃的时候又该注意些什么呢？

梨含有丰富的膳食纤维，是肠胃最好的"清洁工"，能帮助清理肠胃垃圾。患高血压、心脏病、肝炎、肝硬化的病人经常吃梨可降低血压、养阴清热。有的人由于气候原因或者用嗓过度，会觉得嗓子又干又痒，不妨吃点儿梨，能缓解因上呼吸道感染导致的咽喉干燥痒痛、干咳及烦渴、潮热等阴虚之症，对用嗓过度引起的嗓子干痛的症状有很好的缓解作用。

梨除了生吃，其不同的做法还会产生不同的疗效。

1. 将梨榨成汁，加入胖大海、蝉蜕、冰糖少许，放进锅里煮一下，然后饮用，对体质火旺、易生喉炎的患者，有滋润喉头、补充津液的功效。

2. 把生梨加冰糖或蜂蜜，熬成膏即成简易版"秋梨膏"，可治疗肺热咳嗽。

3. 将梨切片，与杏仁五钱，桔梗、川贝各二钱，胖大海一钱同煮，饮用后对伤风感冒后黏痰不愈者，有很好的疗效。

4. 把梨的顶尖削去，成一盖形，挖去核仁，纳入川贝一钱，加入少许冰糖或蜂蜜，将梨盖盖回，隔水加热炖熟，可以治疗痰火胸痛、咳嗽。

梨性寒凉，对于老年人和肠胃不好的人来说最好用梨煮水喝，这样更温和。梨含有较多糖类和多种维生素，对肝脏有一定的保护作用，饮酒人士在喝完酒之后不妨吃点儿梨，可以有效解酒护肝，当然，饮酒以适量为宜。

同时，梨还可以做成很多的美味佳肴，比如梨子粥、百合梨粥、红枣炖梨等。

梨虽然美味营养益于健康，但梨性寒凉，不要多食。脾胃虚弱、体质虚寒、寒咳、腹部冷痛和血虚者不宜生吃，否则容易伤脾胃、助阴湿。

难忘儿时贴秋膘

别世芳

又是一年立秋到，按家乡习俗，又到了该贴秋膘的日子。

我的家乡湖北仙桃，地处鄂中江汉平原腹地，夏天气温高、湿度大，大人小孩常常热得睡不着觉、吃不下饭，每到这时，大家都会急切盼望秋天能早日到来。记得儿时只要立秋节气一到，母亲就会给我们做好吃的，有时甚至会给我们炖一只鸡，来补一补因苦夏而清减的身体，乡下老一辈人俗称贴秋膘。

那时，我的父亲在老家镇上工作，到了立秋这天，父亲如果工作不是太忙，总要带着在镇上买的新鲜猪肉回家给我们贴秋膘。父亲对我们说，好不容易忙忙碌碌地熬过了一个苦夏，不贴秋膘哪行呢？可是在20世纪60年代，贴秋膘是一件令人发愁和头疼的事儿。发愁是因为猪肉供应紧缺，买猪肉要凭票供应；头疼是因为那时人们肚子里缺少油水，平时吃得太素，大家都盼着贴秋膘能给身体增加一点儿营养，买的人就会很多，猪肉常常供不应求。

记得我上小学三年级的时候，立秋那天，父亲回家对我说，好不容易弄到了两斤猪肉票，咱们今年吃猪肉贴秋膘。买猪肉时，排了很长很长的队，而且谁都不想买太瘦的猪肉，都想买肥一点儿的，最好是三指膘以上的，如果能够买上猪板油，那就最好了。但是，当时乡下猪吃的都是野菜谷壳之类，它又怎么能长很厚的肥膘呢？

童年时代，我们家也养过猪，那时养猪需要养一年半到两年的时间才能出栏，养猪的艰辛至今记忆犹新。我从五六岁起就与发小们一起到田间地头割猪草，夏天还要到水塘和水沟里捞水草喂猪。母亲每到猪出栏时，心里都会很不情愿，因为那猪是母亲一勺一勺喂大的。记得有一年，我们家养的猪可以出栏了，父亲找来了板车和猪笼子，准备把猪卖到镇上的收购站，母亲则不停地给猪喂猪食，因为猪的体重多长一斤，家里就可多收入一斤卖猪的钱。父亲为了鼓励我今后更好地割猪草，笑着对我说："卖了猪就可以买回两斤新鲜猪肉给你贴秋膘了。"可是，到了收购站，收购员上下打量了一下猪身，又用手掐了掐猪的脊背，飞快地在猪背上用剪刀剪出了3级的标识，父亲很不满意，但又很无奈。父亲领取了卖猪的钱，在猪肉摊前转了转，犹豫不决。父亲仔细一想，卖猪的钱除了要供我上学、给家里每人添加衣物，还要购买农具等，这样算来，就所剩无几了。贴秋膘的猪肉也就成了泡影。

儿时，立秋该贴秋膘的时候，我常常觉得吃肉像做梦一样。有时没有肉吃，母亲就给我们做烙饼裹鸡蛋。母亲风趣地对我说："鸡蛋当肉吃，营养更丰富。"母亲把鸡蛋摊好，再烙上白面大饼，家乡美味烙饼裹鸡蛋，就算是给我们贴了秋膘。母亲总是在烙饼里为我夹裹很多的鸡蛋，她对我说："你太瘦了，要多贴一些秋膘才行。"那时我不知道贴秋膘的含义，只明白母亲深深地爱着我。

立秋吃肉贴秋膘，是我小时候最为盼望的一件高兴事儿。但在那个物资极度匮乏的年代，吃肉只不过是一种奢望。那时，立秋贴秋膘，真正能够吃上肉的百姓人家，又能有多少呢？现在，随着我国改革开放不断深入，在习近平新时代中国特色社会主义思想指引下，家乡早已进入小康社会，乡亲们都过上了幸福美好的生活，立秋吃肉贴秋膘再也不是什么令人发愁和头疼的事儿了。

如今，我参军离开家乡已经40多年了，真想在贴秋膘的时节，再吃一顿母亲亲手为我做的烙饼裹鸡蛋，虽然那是没有肉的秋膘，但是照样令我终生怀念，因为家乡的味道和母亲的爱永远深深地烙印在我的心田……

小小书房　老人天地

任 瑞

生活中，不少老年人"雅趣盎然"。他们挥毫泼墨、吟诗诵词，为晚年的生活平添了极大的乐趣。要是有条件的话，为他们布置一间温馨的小书房，那是再惬意不过的事了。

设计、装修老年人的书房，要考虑他们这个年龄段的特点。有些事项需要注意。

书房的整体色彩要以文雅、明亮为佳，以浅色为主。不要用过于灰暗、对比强烈的颜色。色彩对比度太高，颜色过于深重会影响老年人的情绪，产生焦虑或者压抑感。

书房内的灯光要以暖色、明亮为宜。可配备落地灯、台灯、顶灯等，为老年人带来感观上的愉悦，方便他们从事各种雅趣活动。

书房的窗帘可选用提花布、织锦布等。这种厚重、素雅的质地和图案，以及华丽的编织手法，可以展现老年人成熟、稳重的智者风范。此外，厚重的窗帘也能隔绝外部嘈杂的声音，使书房保持相对安静的环境，这对老年人的身体也大有好处。

书房最大的特点是安静。所以，最好用木质地板铺设地面或者在地面铺上地毯。为阻挡、消除杂音，墙体最好采用有隔音或吸音功能的材料装饰。

书房中可以摆设简洁、朴实的写字台、条案、木椅、百宝阁、木制书柜等家具，墙面上还可悬挂一两幅字画，或者在桌面上摆设一两盆绿植等，营造一种安静、文雅之氛围，可以使老年人在精神上产生轻松、愉快之感。

说说南港村自然之美

何美昌

海南省琼海市博鳌镇南港村，是个靠海吃海的小渔村。其村名没有文字记载，也许是因地处三江出海口的博鳌港南边而得名。南港村现有住户300多户，村民1000多人，两河一江绕村出海，是一个典型的小村落。1958年以前，南港村属于万宁县（今为万宁市）管辖，后划归琼海县（今为琼海市），其村落三面环海河，村民出入需乘坐渡船，若徒步、乘车出行须经万宁市龙滚镇。

南港村宁静而悠然，南港人忙碌而充实，"东依银沙海天阔，西朝金牛江河长"。南港村按其地势高低又分为上村、下排、下田坡、下村，这里居住人口有十四姓之多，其中王、陈、何姓人口占多数。村子的南边有80多亩田地，一年两稻，是祖宗田，是村民的饭钵。上村军坡坎下是南港望，面对东屿岛，是村里放牧养牛的草坡地，上村还有一口龙头井，水澈清甜，凡出海捕鱼归来的人都必在此井边冲个凉后舒舒服服地回家。玉带滩以前被称为"北边割"，是村民拉"坡脚网"捕鱼的浅海区，从玉带滩过来是南港村的"龙头"福地——龙头滩，也是渔民看"鱼红"的驻足点。渔民居高临下，眺望近海，看到"鱼红"后便发出信号迅速下网，多时几十担，少时也有几百斤。龙头滩也有几次被特大洪水冲断，但时间不长就自然合拢，不论洪水多大，龙头滩岿然不动，昂头朝北，与圣公石南北呼应，守护着玉带滩的安好，村民的安康。可惜，如今圣公石已不见踪迹了。

文物是乡村的历史见证。南港村有侯王庙，距今已经500多年了，古朴典雅，让人敬畏。庙前是先人以村名撰写的对联："南起金牛崇庙貌，港钟圣石显神威"。每年农历五月初一都有"发军坡"，家家户户敬奉肥鹅，道士设坛作法、神童穿杖、抬神公游村等，祈求风调雨顺、平平安安。还有王、陈、何姓的宗祠，每年都会举行隆重的祭祀活动，是光大宗族传统文化之传承，是对下一代进行最好的家风家训教育的殿堂。南港小学的前身是中等专业学校，在20世纪五六十年代很有名气，曾培养了一批走南闯北的南港人。

南港村在20世纪六七十年代曾在海滩种植防风林"木麻黄"树，既能挡海风，其落叶又能烧火煮饭。后来，南港钛矿的开发带动了村民采矿赚钱，海滩上的防风林逐渐被铲除。之后复种还林，又因挖塘筑池养鱼虾而彻底被连根拔掉，"走马藤""仙人掌""沙参"等多种植物一去不复返……

南港村在不同年代，经历了不同的变化，但那都丝毫损伤不了它的自然之美，山脉玄奇、空气轻灵，阳光灿烂、海水湛蓝、三江出口、沙滩银白，民风淳朴、人杰地灵，是一块风水宝地。更令人欣喜的是博鳌亚洲论坛永久会址设立在东屿岛，河岸呼应，毗邻而居，瑞气生辉。南港大桥，交通方便、名贯亚洲，金牛岭山脉坐西朝东拥抱着整个村庄，万泉河、龙滚河、九曲江环绕，始终兑现着"生意兴隆通四海，财源茂盛达三江"的千古名联，玉带滩之神奇带来了"四海群贤聚，博鳌更喜人"。

老辈人有一句顺口溜："留客不见客在哪，南港无客客都留。"走走看看，漫步在这美丽的小渔村，仿佛是被大自然围绕着，深感它的宁静、舒适与和谐。虽然平平淡淡，但依旧是韵味十足，只有读懂它的人，才能真正感受到它独特的海风余味。

摄影天地

银河/摄影作品

梦里徽州——土楼

唐红生

冬日，再去徽州，这次是安徽省歙县深渡镇阳产村。

车窗外，粉墙黛瓦马头墙，或在山间，或在林中，或在溪边，随意搭配，入眼皆成画。峰回路转，贴壁开凿的盘山公路蜿蜒崎岖。司机的车技十分娴熟，但在窄窄的山道上速度不减，不免使人提心吊胆。5千米的路程，总算有惊无险地驶过。

太阳偏西，阳光正艳，给山峦、树木涂抹上一层暖色。站在高处眺望，湛蓝的天空下，村庄依山而建，数百栋黄土墙、小黑瓦建筑，其间夹杂着少量砖楼，一座座，一排排，层层叠叠，错落有致，蔚为大观。裸露的黄土尽情地沐浴着冬阳，散发出泥

远眺土楼

土的芬芳。我忽然觉得，阳产这村名，莫非是阳光产物之意？经打听才知，"阳"意为面对阳光，"产"在当地方言中意为陡峭，故而得名。

阳产村的土楼有别于徽派风格，原始古朴，一看便知有故事。村民告诉我，阳产为郑氏聚居地，郑姓在宋朝时由歙北迁至定潭。明末清初，再由定潭迁到这里。从此落地生根，高筑土楼，垒石而居，繁衍生息，兴盛时达1200余人，至今已有300多年的历史。

穿行于石阶、巷道，我静静地品味。摸一摸土墙，手指竟无一丝尘土沾染。以青石为地基，泥土与碎石混合而成的墙面，怎能建得如此之高？我疑惑不解。原来，阳产村的先民

在泥土和碎石中加入糯米粥，均匀拌和，用木板包夹后夯实，慢慢晾干。待夯土层结实后，再加层进行夯实。如此一遍又一遍，一层又一层，土墙逐渐增高。这厚实的土墙不惧山中风雨，护佑着村民，温暖着光阴，也承载着家的情怀。"梦里徽州今犹在，更见当年一土楼。"我由衷地感叹，土楼真乃徽州建筑的瑰宝啊！

皖南的冬季似乎要晚一些，还延续着秋的灿烂。阳台、屋前、土墙，一串串红辣椒、金黄玉米随意而挂，柿子、菊花、粉丝、山芋粉……放在大大小小的竹匾中，五颜六色，红红火火。

村服务中心楼前，几座"粮仓"贴着大红纸，上面写着"丰"字，四

近观土楼

土楼秋色

土楼"粮仓"

暮色中的土楼

周放着硕大的南瓜，洋溢着丰收的喜庆。有趣的是，一只小花狗懒洋洋地躺在粮仓前，全然不顾人来人往，平静淡然。它不像是看家护院，倒像是来点缀景致的，惹得众人纷纷在此留影。

漫步村中，墙头上发黄的野草迎风摇曳。老人们坐在门前，门上褪色的春联，缭绕着温馨的烟火气息。一缕温暖的阳光打在一位老人脸上，只见他手捧茶壶，听着徽剧，摇头晃脑，不时地跟着哼上几句，那神态，仿佛早已融入剧中，完全不受任何打扰。村里清静闲适的生活由此可见。

五彩斑斓的树下，泉水叮叮咚咚，婉转动人。村民的生活用水取自石块砌成的圆形水井。掬一捧清澈的泉水，溢出的是甘甜气息。泉水从大山深处岩层中渗出，滋养着这里的草木、田园，流进寻常人家，也流进路人的心田。

走出村口，已近黄昏。夕阳染红了天空，金色线条勾勒出山峦的轮廓。回望古村，土楼人家沉浸在一片橙黄之中。袅袅升起的炊烟，充盈着淡泊、淳朴、平和的气息，越加迷人。归巢的鸟儿一阵啼鸣，空灵悠扬，恰似人与自然合奏的和谐乐曲。

侯朝阳

棉花堡之旅：在千年遗迹里泡温泉

帕姆卡莱镇位于土耳其西南部的代尼兹利省，属于丘陵地带，地下石灰质温泉丰沛，自古以来就是享誉世界的温泉之乡。

在帕姆卡莱小镇，有这样一个传说：很久很久以前，牧羊人安迪密恩为了和希腊月神瑟莉妮幽会，竟然忘记了挤牛奶，致使牛奶恣意横流，盖住了整座丘陵……这便是美丽棉花堡的由来。

棉花堡，如此可爱的名字，源自其外形像铺满棉花的城堡。它实际上由一片长约2700米、高约160米的白色石灰岩组成，由于被高处山岩间冒出的泉水不断冲刷滋润，历经数千年，形成了一个个天然石灰岩阶梯。这些阶梯就像白棉花一样层层相叠，棉花堡故而得名。据科学家解释，棉花堡这些白色阶梯，其实是以碳酸钙为主要成分的"钙化堤"。当雨水渗入地下后，经过漫长的循环又以温泉的形式涌出，在此过程中溶解了大量岩石中的石灰质和其他矿物质。当温泉顺着山坡流淌时，石灰质沿途沉积，久而久之便形成了一片片阶梯状的钙化堤。

走近这里，可见堆积如棉絮一般的"城堡"，像是用雪精心堆砌出来的一样。数不清的小小水流从丘岩的间隙潺潺流下，水蒸气在空中蒸腾着，将这里映衬得美如仙境。泉水积在台阶之间，形成了一个个清澈见底的小水洼，白岩绿水，像是细纱包着翡翠一般，说不出的清丽与炫目。爬上山顶还会发现，在这里居然还能看见云海。俯瞰下去，白色的石灰质钙化沉积物覆盖着山顶，恍惚间还以为那是雪山的顶峰。

在一天中的不同时段，随着阳光强弱的变化，棉花堡的风景还会展现出绮丽的光影效果。白色的岩面，蓄着碧水的小塘，再配上热烈的红日，

棉花堡之美令人惊艳！

棉花堡的地面踩上去并不光滑，这里的泉水也深浅不一，有些只到脚踝，有些可及腰部。水温终年保持在 36 ～ 38℃，水的酸碱值为6。据鉴定，棉花堡的泉水中富含钙、镁、铁等矿物质，可以直接饮用或用来泡澡，对风湿、皮肤病、妇科病、消化不良及神经衰弱等，都有神奇疗效。

从山下往上看，棉花堡仿佛是高山之上覆盖着团团白雪。汩汩的泉水从山岩之间的缝隙里流出来，在台阶之上汇集成大大小小的水池。从那蒸腾而起的雾气里，你似乎已经感觉到了它的温度，急切地想让泉水滑过你身体的每一寸肌肤……

棉花堡这个天然的温泉之地，是上帝赐予土耳其人的礼物。公元前2世纪，帕加马王朝在山坡上的棉花堡和山顶上的希拉波利斯古城，修建了

"上帝打翻的牛奶瓶"

梦幻之地，温泉之乡

不同时段，棉花堡会展现出不同的色彩

大量的温泉浴场，吸引了众多男女来此休闲水疗。据传说，连大名鼎鼎的埃及艳后，都曾不止一次地到棉花堡泡温泉呢。

至今，这里还保留着2000多年前的文明遗迹，包括街道、庙宇、大浴场、竞技场等，皆是希腊建筑风格。那些全部由大理石雕刻而成的拱门、梁柱、长廊，在经历了沧桑巨变之后，依然散发着高贵而悲怆的光芒。

走在棉花堡的路上，一汪汪清澈的温泉便浮现在眼前，宛如嵌在白玉台上的温润碧玉，与雪白的阶梯相映成趣。

不远处的赫娜兹山峰，则是爱琴海地区众多高峰中景色最美的山峰之一，山体被阿尔卑斯山脉森林覆盖着，南部斜坡上有一座基督教建筑风格的城堡，残破而沧桑。

每年都有众多游客，从世界各地赶来一睹棉花堡的风采，并要泡一泡传说中埃及艳后泡过的温泉。然而，超高的人气却给棉花堡带来了灾难，川流不息的游客与山下大量兴建的温泉旅馆，使得泉水量锐减，温泉渐渐走向枯竭。土耳其当局意识到事态严重，宣布暂时关停棉花堡的观光，让此地得以休养生息。

重新开放之后的棉花堡，除了限

据说，这是埃及艳后钟爱的温泉池

棉花堡附近的古希腊建筑遗迹

随处可见的千年古迹

落日余晖下，仿若"人间伊甸园"

定游客在棉花堡的游览范围与时间，还限制了温泉旅馆的开发。并且规定进入棉花堡时必须光脚，不许穿鞋，而且不能在温泉池里游泳。由于棉花堡满眼都是白色，反光特别强，前往时一定要戴上墨镜保护好眼睛。

在棉花堡游览，上午玩累了可以泡个温泉放松一下，下午再寻访各种古迹，傍晚欣赏瑰丽的棉花堡日落，这才是最合适的日程安排。当落日的余晖洒向大地时，那些历史古迹都被涂上了一层辉煌的色彩；棉花堡那一池池泉水，则在晚霞的映照下，泛起绚丽的水波……

在伊斯坦布尔和其他城市，一座座清真寺与高耸的宣礼塔更是加深了我对这个国家的印象。然而，当我来到希拉波利斯古城时却被震撼了，这里完全就是古罗马城市的遗迹。具有2000多年历史的古城，并没有因为战争而被损毁，但17世纪的一场大地震，却毫不留情地把它变成了废墟，严重到几乎没有完整的建筑被保存下来。古城历史上有记载的大部分地方，现在已面目全非。为了方便游客辨认方向和行走，古城铺设了栈道，尽力保存了地震后城市废墟的原始状态。栈道下面，则是倒塌的宫殿、房屋和城墙等。

古城外有一座巨大的古罗马风格的圆形剧场，这是整个古城地震后保存下来的最完整的建筑，可容纳10000多人。舞台背景建筑和雕塑高大、细致、精美，令人不禁为2000多年前工匠们精湛的手艺而感叹。

棉花堡天蓝云白，山水相依，惬意自然，既有年轻人的浪漫，也有老年人追求的养生和历史感，更有小孩的童真，难怪有那么多人不远万里，也要到此一游。

值得一提的是，这个浪漫的旅游胜地一直免费开放，只要你凑够了去土耳其的费用，就可以在这里尽情游览，享受美好时光。

古建筑遗迹，昔日辉煌犹可见

屹立千年的大理石石柱

大剧院看台，可容纳上万人

仰止天柱山

颜士州

大别山绵绵东去，到安徽省西南部潜山市境内，突然群峰拔起，于方圆300平方千米内，造就了一座奇峰绝壁、山色青冥的天柱山。

巍然挺立于江淮丘陵上的天柱山，山势绵延逶迤、大气磅礴。东有皖水、西有潜河，两水夹一山，山因水活，水随山流。45座山峰次第展开，如三道翠屏，以相对300余米之差，一道高过一道。主峰天柱峰，海拔1489.8米，于群峰深处卓然耸起，大有"天柱一峰擎日月"之势。

文化深厚　景色宜人

天柱山文化渊源深厚。唐代著名诗人白居易有诗赞曰："天柱一峰擎日月，洞门千仞锁云雷。"诗人不仅对奇峰、幽洞大加赞赏，还想在此访仙隐居。此外，唐代的李白，宋代的王安石、苏轼及明、清的文人骚客都写有赞美诗文，仅留在山上的石刻就有300余块，足见其景色非同一般。人称"中国大仲马"的张恨水先生一生写过10多部中长篇小说，都是以家乡潜山为背景，字里行间透露出对天柱山的殷切深情，他的作品中完全呈现出天柱山的自然美景及人文积淀。

天柱山的自然景观也令人叹为观止。它既有雄伟峭拔的"擎天一柱"，又有各具千秋的四十五峰；既有奇松怪石、流泉飞瀑，又有峡谷、幽洞、险关、古寨；还有那中国第三大高山人工湖，湖水终年直泻而下，组成一幅巨大的飞瀑水帘。这些景观再加上蔚为壮观的雾潮云海、旭日落霞，真是令人目不暇接，美不胜收。由于这里地处南温带和北亚热带交会处，四季气候宜人，因此动植物种类丰富，其中植物有近千种，被称为绿色的宝库、花的海洋，置身其中，如入仙境。

在天柱山的崖壁、岩隙、绝顶上，还生长着姿态万千的松树，如凤凰松、探海松、天柱松等，为天柱山增添了生机。在天柱山山巅，与苍松相伴的还有一种小叶黄杨，它因叶小而圆、形如鱼鳞而得名鱼鳞木，又因其生长于高崖绝壁，而被称为"凌霄树"。它生命力极强，形态优美，只是生长速度较慢，百年之木不足人高。

峰雄石奇　洞幽水秀

在距今18亿年前的大别运动中褶皱隆起的天柱山山体，经长期的风化剥蚀，形成了今日峰雄、石奇、洞幽、水秀的景观特色。

峰雄，是指天柱群峰拔地而起，巍然挺立。据说天柱山有名的奇峰有45座，无名奇峰有84座，各有姿态。从青龙涧东行至东关，有如圆盆倒扣的覆盆峰、如莲花初绽的花峰，还有直耸青天的迎真峰等，诸峰并峙争雄，气势不凡。未出关口，诸峰尚不显高大，一出关口，则如临深渊，群峰如削，峭壁千丈。由于天柱山花岗岩节理间距大，因而构成了以大取胜的奇观。峰大、石大、块体大，令人惊叹。又因天柱山南、西坡缓，北、东坡陡，故凌峰北瞰，景观突变，大有出人意料之美。当然，最为雄奇的还是主峰天柱峰。此峰崛起于众山之巅，相对高度有200多米，坡度在60°～90°，游人无法直接攀登。它全身石骨，尘土不染，大有超凡之姿、异骨之态，为其他名山所罕见。

石奇，说的是天柱山同其他花岗岩高山一样，有许多形象逼真的造型岩石景观，如仙桃石、鹦鹉石、打鼓石等。最令人称奇的要数蜒蚰石了，此石十余丈长，一丈余宽，伏悬壁上，酷似蜒蚰蠕蠕欲缘石壁而上。据说，天柱山出名的巧石有53处，无不形象生动。天柱山石景还以岩石块体硕大超乎其他名山而取胜，大者直径可达几十米，直径几米者更是比比皆是。圆浑沉实、古朴敦厚的石块，是花岗岩节理规律和球形风化塑造的特有形象。

洞幽，指的是天柱山的洞穴与众不同，多聚集在千米以上的高山地带，叠石成洞，自然成趣。这些洞穴，有的是青藤绕门，有的是洞内生香，有的是能容千人，有的是洞套洞、洞连洞，千奇百怪，引人入胜。著名的如神秘谷中的神秘洞，此洞在飞来峰与天池峰之间海拔1100米的高山峡谷中，全长500多米，全由方形、圆形、月牙形等各种形状的岩石堆砌而成。入洞如入迷宫，左拐右转，看似山重水复，忽又柳暗花明，趣味无穷。天柱山类似这样的洞穴，达53处之多。

水秀，自然是指天柱山的飞瀑流

泉了，天柱山著名的瀑布有雪崖瀑、激水瀑、黑虎瀑和飞龙瀑等。它们有的在险峰峡谷中迂回曲折、跌宕多姿，有的声如九天惊雷、飞流直下，为天柱山雄奇的山势，更添了几分灵动之气。除了这些飞瀑，天柱山还有澄碧如玉的流泉，它们或在高山之巅，或在悬崖之下，一年四季，玲玲淙淙，川流不息。最有名的流泉要数山谷流泉了，此泉发源于及第庵的左山，穿流于悬崖峡谷，终年不绝。每当日落，山光塔影掩映，翠壁石崖倒挂流泉之上，美不胜收。

西风晴雪　天柱奇绝

天柱山森罗万象，奇峰怪石、幽洞秀水，只是它的一个方面。它还有不少神奇、灵异的景观，为其他名山所无，堪称绝观。譬如九井西风、天柱晴雪、鹤驾之谜等。

九井西风，说的是天柱山西麓九井河一带，不论春夏秋冬，还是阴晴雨雪，每到半夜，就刮西风，直至天亮方止。对这一奇异景象，历来传说很多，其实它的真正成因还是和九井河有关。九井河发源于天柱山腹地，绕山而行，落差很大。每到半夜，高山气流急剧下降，流动性很大的高山空气流逐渐在河谷上游形成气旋性冷

气流，随风击水而下，就形成一股独特的西北风。西北风一起，松竹起舞，觉寂塔上的塔铃也叮当作响，夜半听来，更觉山谷寂静、幽深。

天柱山植被繁茂。即使是炎炎夏日，也能看见一片片皑皑白雪，这是天柱山的另一独有景观——"天柱晴雪"。看天柱晴雪最好的地方是位于青龙涧南面的晴雪岭，远观晴雪岭，只见翠绿古松中一堆白雪闪闪发光，特别是在骄阳照射下，那盐积玉叠的山峰格外醒目；月夜观赏，如同身在广寒宫，清辉袭人。近观晴雪岭，才发现这皑皑白雪原来是一片白砂，它是由花岗岩石体经长期风化形成的石英砂，这种砂体白而发亮，所以在阳光照射下，如同白雪一般。前人有诗赞晴雪岭之美道："千年万年雪不消，五月六月寒常住。"

传说天柱山是司命真君居住的地方，每岁仲春有白鹤朝真，称为"鹤驾"。今天在石牛古洞仍可看到"鹤驾"的大幅石刻。近年来天柱山保护森林，大力发展绿化。特别是在海拔千米以上的良药坪筑坝蓄水，修成了"炼丹湖"，湖面广阔，波光潋滟，倒影绰约，生态环境得到改善和优化，"鹤驾"景观已开始恢复，游人可看

到成群的候鸟，嬉戏在青山绿水间。值得一提的是，在海拔千米以上的高山，能有像炼丹湖这样一片湖面广阔、波光粼粼的湖泊，这在我国的名山中也是屈指可数的。

古皖文化　渊源深厚

天柱山不仅具有独特的自然景观和良好的生态环境，而且在漫长的历史年代积淀了深厚的文化底蕴。天柱山春秋时称皖山，天柱山区域文化又称古皖文化。古皖文化是汉文化的组成部分。

天柱山地处江淮，古皖文化正是在这一方钟灵毓秀的水土之上发展起来的。在天柱山南麓，皖水流域的水吼镇、黄柏镇、薛家岗等地，分布着10余处新石器时代遗址，被考古界称为"薛家岗文化"。这里出土了大量的新石器时代的石斧、陶鼎等文物，其中尤以薛家岗为最。仅此一地，就发现有新石器时代的残房基、墓葬遗迹100多处，自唐宋至新石器时代的5个自然文化层，出土陶、石、玉等质料的生产、生活器物2000余件，这些文物、遗迹表明，古皖文化从新石器时代开始，历经夏、商、周、春秋、战国、秦、汉，直到唐宋以后，一脉相承，从无间断。这些出土的生产工具、生活器皿，精度高、纹饰美，表现出很高的工艺水平。如西汉时期的琉璃璧，葡萄状的颗粒细密均匀，工艺之精美令人赞叹；各种青铜制的剑、弩、戈等锋刃如新，光可鉴人；彩绘漆器历经千年仍丰润光华。这些器物反映了先民的生活状况、审美情趣、生活习俗和文明程度，体现了古皖文化的发展历程，使天柱山于奇山秀水之外，更添了一层浓厚的文化色彩，这是连黄山都难以望其项背的。

自古名山多为僧道所占，天柱山自然也不例外。道教是天柱山的本土教，相传，汉代方士左慈曾在山中修炼，留有上、中、下3处炼丹台。唐明皇曾遣中使王越宾、道士邓紫虚建"真君祠"，宋太宗敕建"灵仙观"，宋徽宗时又建"万寿真源宫"，其中一些遗址至今犹存。梁武帝时，僧人宝志卓锡天柱山，筑乾元寺，遂成为天柱山佛教的开山之祖，现在前山尚留有宝公洞。隋炀帝大业二年（606年），僧璨禅师来乾元寺说法，一时间香火鼎盛。僧璨禅师圆寂后即葬于寺后，因他是禅宗三祖，所以后人又将乾元寺称为三祖寺。三祖寺坐落在三祖山山顶，顺山就势布局，三进殿宇深藏于修竹茂林之中，幽静肃穆。三祖寺香火鼎盛之时，拥有百余间庙房、千亩土地和大片山场，为天柱山第一大庙。1500余年来，三祖寺几度兴衰，至今仍保留较为完整的庙堂。

距三祖寺不远有一条石牛溪，因溪中有巨石偃卧如牛而得名。在石牛溪的岸边石壁谷底，布满石刻，几乎到了"有石皆镌刻，使之无空隙"的地步，是天柱山摩崖石刻最多最好的所在。从山谷流泉到石牛溪上游，200多米的溪谷内，现存的字迹能辨认清楚的石刻就有241块。其年代上起唐宋，下讫民国，历代均有。字体则真、草、隶、篆无所不包，颜、柳、欧、米、赵各派尽有。在这些石刻中，有唐代文学家李翱的题名石刻，有唐朝员外郎李德修等12人在宝历二年（826年）的题刻，都十分珍贵。而以王安石、苏轼、黄庭坚等人为代表的宋代题刻，是现存的石牛溪各朝石刻中最多的。摩挲这些石刻，你可以感受到古人对这里的山谷流泉、幽林古寺是多么地眷恋。王安石就留下了这样的诗作："水无心而宛转，山有色而环围。穷幽深而不尽，坐石上以忘归。"黄庭坚更是酷爱这里的风景，常坐石上读书，并自号"山谷道人"。历代文人雅士的吟咏题刻，为天柱山留下了一笔丰厚的遗产。在我国名山中，如石牛溪这般为数众多、地点集中、内容丰富的石刻是不多见的。

"奇峰出奇云，秀木含秀气。清宴皖公山，巉绝称人意。"古南岳天柱山的风姿和神采是令人神往，叫人难忘的。

纸剪情深

孙学铭/剪纸作品

谈谈胃食管反流病

黄广兴

胃病是常见病，大多数人都知道它。说到胃食管反流病知道的人却不多，胃食管反流病是由于各种原因导致胃酸反流而引起的病症，病人自觉胸闷、胸痛、胃灼热、嗳气、呃逆，长期咳嗽不愈、声音嘶哑。由于很少有胃痛的症状，往往会被误诊。

胃食管反流病的病因亦和其他胃病一样，胃酸分泌过多、幽门螺旋杆菌感染、药物及精神因素、不良的生活习惯均可诱发本病。

对本病的临床诊断为：病人出现典型的胃灼热、反酸症状可以作出初步临床诊断。胃镜检查如发现有食管反流性炎症，并排除其他原因引起的食管病变，诊断可成立。有典型症状但胃镜检查阴性者可行24小时食管pH监测，如证实有食管过度酸反流，诊断可成立。临床可疑胃镜阴性者，用质子泵抑制剂作试验性治疗，疗效明显者诊断亦可成立。

我国医学界早就认识到这种病，将之称为"梅核气"。战国时的《灵枢》、汉代《金匮要略》、宋代《南阳活人书》、明代《赤水玄珠》《古今医鉴》等医古文都形象地把本病描述为："梅核气"一病，有如梅核哽于咽喉之间，咯之不出，咽之不下。病因病机为情志不畅、肝气郁结、循经上逆、乘脾犯胃。

呃逆是胃食管反流病的一个重要症状。呃逆是由于膈神经受到刺激后膈肌痉挛引起的。临床表现为气逆上冲，喉间呃呃作声，或间断或连续，甚至昼夜不息，痛苦异常。

长期的胃酸反流必然造成食管的炎症糜烂，胃黏膜化生，非典型增生，一步一步演变成食管癌症，所以危害性很大，必须提高认识，及早诊断治疗。

胃食管反流的治疗一是用H2受体拮抗剂如雷尼替丁、法莫替丁，用质子泵抑制剂如奥美拉唑、雷贝拉唑等抑制胃酸的分泌；二是用胃动力药莫沙必利、伊托必利等改善功能性消化不良患者的胃肠道症状；三是根除幽门螺旋杆菌；四是保护胃黏膜。

中医对此疾病辨证多数为肝胃不和、肝气犯胃、中气虚寒、肝郁气滞、气阴两虚。以补气、理气、降气为治疗主旨。脾气宜升，胃气宜降，胃气不上逆，胃液就不会反流。补中益气汤、苏子降气汤、舒肝和胃制剂、吴茱萸汤临证分型施治，因人因病程而异。中医药对本病的治疗疗效显著且副作用较小。

战胜这一疾病，除了服药治疗，还有一个重要的关键点，就是养生有道。心情要开朗，进行适当的体育锻炼，生活起居要有规律、三餐均匀，不要过饱过饿，不要暴饮暴食，少吃甜食、冷饮、辛辣厚味肥腻等食物。

饮食注意四点，大脑更年轻

赵 雪

人人都渴望拥有年轻的大脑，但随着年龄的增长，很多人开始抱怨"记忆力不如以前""大脑反应迟钝"……要想让大脑保持年轻，合理饮食至关重要。

食不过量

最新研究提示，吃六分饱有助于保护大脑。经常吃太多，体内的血液大部分被调集到肠道，以供消化所需。而大脑神经活动的一条重要规律是兴奋与抑制相互诱导，若主管胃肠消化的神经中枢——自主神经长时间兴奋，大脑的相应区域也会兴奋，这必然会抑制语言、思维、记忆、想象等区域，导致出现肥胖和"大脑不管用"现象。

专家发现，30% ～ 40%的阿尔茨海默病病人有长期饱食的习惯。建议大家食不过量，每餐只吃六七分饱。

足量饮水

大脑的主要成分是水，缺水第一个影响的就是大脑。研究人员发现，口渴时，人的反应会变慢，喝一杯水能提高大脑的工作效率。人口渴时，大脑处理口渴感信息占用大脑部分资源，补水之后，这部分大脑资源就被释放了，提高了整体反应速度。建议大家勤喝水，每次两三口，不要等到渴了再喝。此外，每天还要重点把握3个喝水时段：早起一杯水，餐前一杯水，睡前一小时一杯水。

饮食搭配

建议常吃深海鱼、鸡蛋和绿叶菜。三文鱼、沙丁鱼等深海鱼能提供 ω-3 脂肪酸，它是大脑自我修复所需的营养元素之一，能让信息传递更通畅；蛋黄中丰富的胆碱成分能促进大脑发育，对提高记忆力、反应力很有帮助，其中的卵磷脂是神经递质合成所需的原料；绿叶菜富含抗氧化物质，有助于消灭体内自由基，延缓大脑衰老。这些食物在适量摄入时对心脏健康和血液循环有益，而大脑的健康需要顺畅的血液循环提供氧气和养分。饮食搭配建议每天吃水产品 40～75 克，鸡蛋 40～50 克，蔬菜 300～500 克，其中绿叶菜要占一半。

远离高盐高糖食物

过量的盐和糖不仅容易让我们的血管受伤，还会加速大脑退化。研究人员发现，高盐饮食加速老年人认知能力退化，长期大量吃糖会导致记忆力下降等问题。所以，日常饮食要严格控制咸菜、火腿、方便面等含盐量高的食物和甜食、甜味饮料等含糖量高的食物的摄入。此外，对含有反式脂肪酸、过氧脂质、铝等成分的食物要尽量少吃，反式脂肪酸容易藏身于蛋黄派、珍珠奶茶、炸薯条、薯片、糕点、饼干、冰激凌等加工食品中；过氧脂质容易藏身于炸鱼、烤鸭等食物中；铝则容易藏身于油条、麻花、虾片等质地蓬松或脆爽的食品中。

书画园地

安锦如/书画作品

早晨空腹吃花生好处多

王利平

花生在民间又称"长寿果",坚持每天早上空腹吃花生,好处多多。

缓解便秘 花生中所含膳食纤维对人体十分有益。早上空腹吃几粒花生,可以促进排便,防止体内毒素和垃圾堆积,缓解便秘。

控制食欲 花生脂肪含量较高,每100克中含有脂肪约48克。早上空腹吃花生,身体能够获取一定能量,给人带来饱腹感,从而使人减少主食的摄入。

软化血管 花生中富含不饱和脂肪酸、胆碱和卵磷脂,能够降低血液中低密度脂蛋白水平,乳化胆固醇,抑制胆固醇在血管壁上的沉积,从而维持血管壁弹性,保护血管健康。

美容养颜 花生富含维生素E,经常食用对肌肤有益,会让气色更好。

补益气血 花生红衣可增加血小板含量,提升造血能力。常吃红皮花生,有助于调理身体,缓解气血不足。

养胃护胃 早起空腹吃几粒花生,能降低恶心、反酸等胃部不适。花生中含有大量卵磷脂成分,空腹时吃几粒花生,慢慢嚼烂后咽下,可以在一定程度上修复胃黏膜,对胃部形成保护层。

通常情况下,除非对花生过敏,否则吃花生并没有过多禁忌,但有几点需要注意:

1.吃花生后,短时间内应尽量减少水分的摄入,防止出现腹泻。

2. 不能贪吃油炸花生,生吃、水煮或用花生煲粥等吃法都营养健康,适合中老年人。

3. 每天吃花生不要超过20粒。

4. 发霉、颜色变暗的花生不能吃,霉变花生有苦味、霉味或酸败味。

5. 购买花生时尽量选择小包装,常吃常买,干燥密封或冷藏保存,不要储存太久。

老年性耳聋可以推迟

王立兰

老年性耳聋的原因至今尚未完全明了，长期慢性耳疾、耳朵传声结构功能下降和听神经功能失调，以及老年动脉硬化引起的传声结构或听神经的退化、萎缩等均可能导致老年性耳聋。不管何种原因，只要加以重视，老年性耳聋是可以被推迟的。具体办法有以下几种。

1.重视两耳卫生：切忌挖耳，耳内发痒时，用干净棉签轻轻伸进去卷几下；防止耳朵进水，游泳后应及时清除耳内积水，也可用棉签卷干。因耳朵通过咽鼓管与鼻咽腔相通，伤风感冒时，不要用力擤鼻涕，以防将脓性分泌物挤压进耳朵里，减少中耳炎的发病机会。

2.及时根治耳病：引起耳聋的疾病很多，例如中耳炎、鼓膜穿孔、耵聍栓塞、耳内瘢痕、耳硬化症等，对这些耳病应及时治疗。

3.防止病毒感染：特别是流行性感冒、病毒性肺炎、病毒性肝炎、带状疱疹、脑炎等疾病，在感染这些疾病时，病毒有可能会在耳朵内部和听神经上"兴风作浪"，造成听力减退。而这种影响有时可延续至数年后再发生，很可能中年种下"祸根"，老年才发病。所以要重视这些疾病的防治。

4.不要滥用药物：有些药物会损害听神经，例如链霉素、卡那霉素、庆大霉素、奎宁、磺胺、水杨酸钠或心得宁等，不宜滥用。另外，酗酒、吸烟、煤气中毒等也同样会使听神经受损，都应该避免。

5.减少脂肪摄入：有一组关于老年性耳聋患者的报告数据显示，接受耳聋测试的老年人中，有46.6%的人同时患有高脂血症。这是由于高脂血症引起动脉硬化，使得内耳结构和听神经受损，由此导致听力减退。

6.避免噪声干扰：噪声会损伤耳内传声结构和听神经。噪声强度超过130分贝，并伴有冲击波，可造成急性内耳出血、鼓膜穿孔或损坏听神经，"震耳欲聋"便是这个道理。长期接触隆隆的机器声、严重的城市交通噪声等，强度接近70～80分贝时，耳朵易受损伤。避免噪声干扰是护耳的重要内容。

7.治好其他疾病：高血压、糖尿病、慢性肾功能不全、甲状腺功能减退、白血病等疾病，都可能影响听

力，应及早治疗。

老年性耳聋是一种自然衰老的生理现象，除做到上述各点之外，加强体育锻炼，让身体新陈代谢旺盛，血液循环畅通，不但可推迟耳聋的来临，也有助于延年益寿。

老年人如何去秋乏

高 扬

常言说"春困秋乏"，到了秋季，人们经常会觉得全身乏力，这些症状在老年人身上表现得尤其明显，时常会昏昏欲睡，没精打采，心情都容易受到影响。那么，老年人应该如何去秋乏呢？

饮食宜清淡 虽然大家常说要贴秋膘，但是当出现秋乏症状之后则不宜进食大量的肉食进行滋补，反而需要注意饮食清淡。秋季饮食清淡有利于提神和清补，可改善燥热现象。清淡的饮食还有利于改善脾胃功能下降引起的消化和吸收问题，减少秋乏症状。每天喝一杯花旗参茶也有提神补气、抗疲劳的作用。

保证充足的睡眠 除饮食调理外，作息习惯应"早睡早起，与鸡俱

兴"。高质量并且充足的睡眠不仅能恢复脏腑功能，还是提高脏腑机能的一个重要手段，是保证机体脏腑功能从夏季的消耗中迅速复原的重要因素。

伸懒腰 当身体出现疲惫现象时，不妨多伸懒腰。第一，伸懒腰可以调动人体大部分的肌肉，可以促进血液循环，改善疲劳；第二，伸懒腰可以增加人体的摄氧量，促进二氧化碳的排出，促进人体的新陈代谢；第三，伸懒腰可以及时纠正脊柱过度向前弯曲的问题，改善骨骼因为长时间保持一个姿势而出现的疲劳现象，保持健美体形。

按摩 中医的按摩方法有很多，可以用手揉按、搓皮肤，也可以利用一些按摩仪器来达到效果。第一，可

以采用干搓脸的方法达到提神醒脑的功效；第二，可以利用身边的用品来达到按摩目的，如可以通过揉搓健身球，对双手穴位进行按摩，促进血液循环，刺激内脏功能，增强机体免疫力。

多晒太阳　老年人最容易出现秋乏相关症状，这其实是脾胃虚弱、中气不足的表现。许多心理学研究发现，光照与人的情绪有很大关系，因为光照直接影响人体内血清素和褪黑素的分泌，而这两种物质与人的情绪状态息息相关。入秋后，日照时间减少，当光线减弱时，褪黑素分泌量就会增加，会让人感觉昏昏欲睡。甲状腺素、肾上腺素的分泌受到抑制，人的情绪因而低沉，所以要增加阳光的照射，每天在阳光下坚持15～30分钟的户外散步。充足的光照有助于人体血清素的分泌，让人心情愉悦，同时减少褪黑素的分泌，减少困倦，改善秋乏症状。

诗苑抒怀

纪念中国共产党建党103周年

陈　力

在漆黑的漫漫长夜中，
你是顽强的火种，
以微小的星星之势，
点燃了燎原的大火熊熊。

在暗礁遍布的大海中，
你是不灭的灯塔，
任凭巨浪冲击屹立不倒，
用温暖的光指引遥遥的航程。

在荒芜的土地上，
你是不屈的草根，
春来发芽觉醒，
使大地充盈生命的葱茏。

在干涸的沙漠中，
你是汩汩的一汪清泉，
让生的渴望，
滋润苦难的民众。

在无边无际的迷雾中，
你是激越的歌声，
似号角般奋勇，
唤醒无数沉睡的心灵。

在猛烈的暴风雨中，
你是坚强的化身，你是不朽的革命，
在未来的新征程上，
你是不倒的旗帜，你是高擎的明灯！

老年人，食不知味是何因

欧阳军

人的基本味觉为酸、甜、苦、咸、麻、辣六种。在日常生活中能尝出千百种不同的滋味均源于这六种味觉的功能。舌头的各部位对味觉的感受程度也不一样，舌尖对甜味最敏感。味觉的感受器被称为味蕾。大多数味蕾位于舌乳头内，部分分散在口腔的腭、咽、会厌等处的黏膜上。而味觉的感受程度与味蕾数量的多少有着密切的关系。

老年人随着年龄的增长，舌上约有2/3的味蕾会逐渐萎缩，人体味觉功能明显减退。由于脑细胞的老化，老年人味觉和嗅觉的敏感性降低，如果老年人患有心脑血管疾病，会引起舌微循环紊乱，新陈代谢减慢，从而使味觉迟钝。

味觉减退的原因多样，主要包括生理性因素和病理性因素。

生理性因素包括情绪消沉、心情低落或愤怒等，此时可能会出现对食物的味道不敏感，或食欲下降的情况，这种情况多在情绪改善后即恢复正常。

病理性因素包括舌乳头萎缩、营养缺乏、鼻腔病变、神经异常、心理问题及口腔感染等。随着人体逐渐衰老，老年人的舌乳头、口腔黏膜等都会发生萎缩，会出现味觉功能减退的情况；老年人如果缺锌以及B族维生素等营养物质，也会出现味觉减退的情况；部分老年人口腔或者三叉神经病变等有可能会使支配味觉的神经出现损伤，致使老年人味觉的灵敏度降低，味觉减退；有些老年人退休后一时寻找不到生活的目标，情绪悲观，出现抑郁、焦虑等情绪，也可能会出现对食物失去兴趣的情况，导致味觉减退；还有些老年人的味觉减退是因为患有糖尿病或者口腔清洁不当，引起口腔白色念珠菌感染，出现舌面白斑，甚至白斑融合成片等症状。

食物中的味物质必须溶解于唾液，这样才能刺激味蕾，然后通过味蕾神经将信息传递到中枢而产生味觉。味觉可促进唾液分泌使咀嚼和吞咽运动顺利进行，而这一运动过程又能加强唾液的分泌，故进食时多咀嚼有利于味觉功能的发挥。口腔疾患，如龋齿、牙周病、牙齿缺失没有及时修复等因素会造成咀嚼不便，不能更好地促使唾液分泌。老年人随着年龄的增长也会出现口腔黏膜萎缩、角化增加等情况，口腔中的唾液分泌也会随之减少，所以老年人容易口干，进而影响味觉功能。

上述各种因素都可能造成老年人食欲不佳，进而食不知味，有的甚至出现厌食的情况。既然味觉功能对老年人的营养健康和延年益寿起着重要的作用，那么，如何来弥补老年人因为年龄增长而降低的味觉功能呢？一般来说，可以从以下几方面努力。

1.保护自然牙列，重视口腔疾病，并做到早期预防和早期治疗。老年人若有牙齿缺失宜及时修复，这样有利于牙齿充分发挥咀嚼功能，促进唾液分泌而增强味觉。

2.平时多吃水果及蔬菜，多咀嚼水果及小片的胡萝卜、芹菜之类富含维生素的食物，增加味觉进而增进食欲。

3.食物中多添加调料和作料，但不宜多加盐和糖（过量的盐对肾脏或高血压病人有害）。味觉一般对20～30℃的食物感受度最高，所以供给老年人的菜肴不可太烫，也不可太凉。还应注意食物的色、香、味的调制，使视觉、嗅觉、温度和味觉共同作用，提高老年人对食物的兴趣。

4.用膳尽量安排在舒适洁净的环境。进食时如条件许可，为增加老年人的食欲，可以让其欣赏自己喜爱的音乐或戏曲，诱发愉悦的心情，使其食之有味，营养充分摄入。反之，情绪不佳时可暂缓进食。

5.生活要有规律，睡眠要充足；此外，加强体育锻炼也是行之有效的方法。

总之，人到老年，应珍惜自己的味觉，以更好地摄入营养，为健康长寿和晚年幸福奠定坚实的基础。

丰子恺"三心"养生

陈卫卫

漫画家丰子恺先生有自己独到的养生方法，因此年逾花甲时依然精神矍铄、身强体健，他靠的就是"三心"——童心、仁心、静心。

童心，是养生的良药。童心不老，就会浑身充满朝气，不知老之将至，生活充满快乐，无形中便延长了自己的青春与生命。丰子恺先生的漫画，满溢着童心之美，因此近百年来不减其魅力。儿童的天真，是丰子恺的漫画中始终赞美的主题，他永远在儿童世界中寻找着不沾染尘世的情趣。

丰子恺一直保持一颗本真的童心，做一个富有生活情趣的"老儿童"。正因为生活在充满童真、童趣的世界里，从而不忧不恼，他60多岁还能徒步登上黄山的天都峰，让许多年轻人大为钦佩。丰子恺曾欣喜地为此作诗道："掀髯上天都，不让少年人。"

仁心，是养生长寿的最高境界。真正的仁者，往往善良、慈悲而又宽容。丰子恺有一颗仁爱的心，他爱世间一切有生命的东西，对草木鸟兽的关爱之心超出人们想象。有一次，丰子恺看到自己的孩子踩到了蚂蚁，连忙阻止道："蚂蚁也有家，也有爸爸妈妈在等它。你踩了它，它的爸爸妈妈就要哭了。"通过这件事，丰子恺让孩子们懂得了"护生"。

古往今来，品德高尚、善良慈祥、多行仁义的人往往健康长寿。他们心地无私、襟怀坦白，保持最佳的心理状态，免疫功能自然得到增强，从而能抵御各种疾病的侵袭。丰子恺对家中的保姆，一直将其看作自己的家人。这位保姆因为患有高血压，天天要午睡，有时甚至睡到下午3点多钟，但丰子恺从来没有嫌弃过她，还为她支付医药费，他说："人家离开了自己的家庭，来为我们服务，我们当然要把她当自己人看待！"而保姆对丰子恺的仁爱之心，也感恩了一生："丰先生对我这样好，我是今生今世都难忘的。"

金代医学家刘完素说："心乱则百病生，心静则万病息。"丰子恺拥有一颗平静的心，对于名利得失一向置之度外，而且在任何情况下都能找到平静，即使身处逆境也能做到达观面对。"文革"中，造反派批斗他，把他的胡须剪了，他回家后满不在乎地说："会长起来的，野火烧不尽，春风吹又生！"被押解到乡下劳动时，住的是屋顶有漏洞的低矮农舍，他风趣地说："天当被，地当床，还有一河浜的洗脸水，是造物主的无尽藏也！"

老年人秋季养生须"五防"

邵火焰

"一场秋雨一场寒。"秋末，随着气温逐渐变凉，寒气入侵，会导致老年人免疫力下降，增加疾病入侵的概率，若不注意养生保健，很容易患病或旧病复发。因此，秋末时节老年人养生要注重"五防"。

一防寒腿。膝关节骨性关节炎俗称"老寒腿"。老年人在秋末，应特别注意膝关节的健康。首先，要注意保暖，尤其是在寒冷的天气里要更加注意，当冷空气来临的时候，温度会明显降低，要及时对膝盖进行包裹防护。其次，要进行合理的体育锻炼，如打太极拳、慢跑、做各种体操等，活动量以身体舒服、微有汗出为宜。

二防中风。秋末天气较冷，此时不注意保暖很容易诱发脑血管疾病。老年人血管缺少弹性，特别是脑部血管较细，秋末寒气渐长，冷空气刺激血管收缩，脑血管病变也因此增多。此时要注意多摄入含蛋白质、镁、钙丰富的食物，既可有效地预防心脑血管疾病，也可减少脑血管意外的发生。进食不宜过饱，晚餐以八分饱为宜。

三防心梗。心血管功能对温度的变化最为敏感，秋末当气温降低时，血管收缩，血管外周阻力增加，老年人的血压也会逐渐走高，会激发冠状动脉痉挛，加上寒冷会诱发血小板聚集，形成血栓，从而导致心肌梗死。除了适度锻炼如散步、跑步，还可以晨起喝杯白开水，稀释血液。同时接受耐寒训练，都能起到较好的预防效果。

四防感冒。秋末是感冒最容易

流行的季节。老年人要注意保温，及时添衣。平时要多开窗透气，保持室内空气清新。可用下面三种方法预防感冒：冷水洗脸热水泡足法，即每日晨、晚养成用冷水浴面、热水泡足的习惯；体育健身法，即在室外适度散步、打球、做操、练拳、习剑，提高身体御寒能力；饮用姜茶法，即以生姜、红糖适量煮水代茶饮，能有效防治感冒。

五防肥胖。俗话说："千金难买老来瘦。"秋末，天气渐寒，老年人的食欲逐渐增强，消化力也有所提高，人体为迎接冬季的到来，会积极储存御寒脂肪，此时饮食不慎就会发胖。因此，在秋末宜多吃萝卜、竹笋、薏米、海带、蘑菇之类的低热量食品，并有计划地增加活动量，可以多到户外走走，每天保持舒畅的心情，适当增加体能消耗，达到减肥的目的。

做个快乐老人

姚扶有

苏联著名生理学家巴甫洛夫说：快乐是养生的唯一秘诀。但凡进入古稀之年的人，没有不注重养生的。没错，退休后没有了工作压力、同事竞争、时间约束，每天应该过着衣食无忧、自由自在、随心所欲的幸福快乐的生活。然而，许多人退休后并非如此，反而整天愁容满面、唉声叹气、茕茕孑立、踽踽独行……日子过得并不快乐。幸福快乐对许多人来说，仿佛是奢侈品，珍贵又难得。其实，幸福快乐从来都不是奢侈品，只要明白了幸福快乐从哪里来，就能寻根究源，收获满满的幸福快乐！

知足知止滋生快乐

杨绛先生说："保持知足常乐的心态才是淬炼心智、净化心灵的最佳途径。一切快乐的享受都属于精神，这种快乐把忍受变为享受，是精神对于物质的胜利。"心安茅屋稳，性定菜根香。懂得知足，才能无忧；无忧，才能心静；心静，才能自在；自在，才能拥有发自内心的快乐。《道德经》中有言："罪莫大于可欲，祸莫大于不知足，咎莫大于欲得。故知足之足，恒足矣。"人心太贪，就会活得很累；若要潇洒，首先知足。只有减轻了自己的欲望，懂得知足，才能乐得清闲。人生本不苦，苦的是索求太多；人心本不累，累的是永远不够。可我们这一生，赤裸裸来赤裸裸去，什么也带不走，做人唯有知足，才能常乐。

明朝有一位叫胡九韶的人，家境十分贫寒，一边教儿子读书一边努力耕作，日子勉强维持温饱。每天下午，胡九韶还要焚香祷告，感恩上天又赐给了他一天的清福。他的妻子不解，嘲笑他说："一天三顿都是菜粥，这算什么清福啊？"胡九韶回答说："第一庆幸的是，我们生活在太平之世，没有战乱纷扰；第二庆幸家中老少都有吃有穿，不会挨饿受冻；第三庆幸的是，家中没有躺在床上的病人，也没有人被关在监狱之中。这难道还不是清福吗？"做人当如胡九韶，不卑于现状，不囿于当下，知足常乐。人生欠我们一个"圆满"，但我们却欠人生一个"知足"，因为生活不会事事圆满，心却可以因知足而常乐。

知止是一种智慧，更是一种境界。《周易》中说："时止则止，时行则行。动静不失其时，其道光明。"在该停止时就停止，在该行动时就行动，动静之中把握分寸，前途才能光明。知止就是要适可而止，认清自己之后量力而行，如果不知道何时该收手，早晚都会落入危险之中。

有一位道士在山中修行，远近闻名，山下许多人慕名前来求道。其中一个年轻人来拜访时，正好看见道士挑着一担水往山上走。他观察到道士的两只木桶都没有装满，水量只是过半，于是非常好奇，就问道士："您为什么不多装一些水呢？"道士笑了笑，对年轻人说："你看，我在两只桶中都画了一条线，每次我都到此为止，再多就超出我的能力范围和所需了。"年轻人沉思良久才悟到，一个人有多大能耐就做多大的事，一切都要量力而行，假如超过了能力范围，执意妄为，只会自我折损。

退休后，人的身体已大不如前，就凡事别逞强别硬撑，累了就去休息；不要欲望太多，明白自己实力不够，就要降低心中预期，而不是一意孤行。《大学》中说："知其所止，止于至善。"知止并非不思进取，而是教人当行则行、当止则止。这世间，名利无疆、诱惑无边、烦恼无尽，唯有知止，才能给心灵留有舒展的空间。把握分寸，量力而行，适可而止，才是人生最好的修行。

心态阳光滋生快乐

心是苦的，人生便如苦海无边；心是甜的，人生处处都是曼妙的风景。所有的不快都缘于我们不肯接受现状，对不合自己心意的人或事情产生的厌恶和对抗心理。要消除这种痛苦，只有顺其自然，以阳光的心态去容纳这一切。现代医学已经证明，对于一件相同的事情，如果人的心态不同，对自己的身体健康，就会产生截然不同的影响。如两个得相同疾病的人，一个人性格开朗，另一个人性格忧郁。那个性格开朗、能用阳光的心态看待疾病的人，肯定比另外一个性格忧郁、遇事悲观的人好得快。因此，碰到困难的事情，只要心态积极，注意寻找对自己有利的一面，大脑处于这种阳光和谐的状态，就会分泌出对身体有益的快乐激素。相反，如果心情抑郁，整天长吁短叹，处于一种苦闷怨怒的状态，大脑受到这种恶性刺激，就会分泌出对身体有害的物质。可见，心态阳光对一个人的影响巨大，有时甚至到了生死攸关的地步。

人生无处不风景，心宽满目皆花开。要想拥有一个快乐的人生，关键就在于如何引导和掌握自己的阳光心态。

忘年乐观滋生快乐

步入暮年，倍感人生太短，岁月无情。但岁月之美，在于它必然的流逝。时光无过，错在人心，忘记年龄，才能活出快乐。年龄不过是一个冰冷的数字，心若年轻，则岁月不老；你若不老，则快活到老。

忘年，即老年人平常尽量少想自己的生理年龄，减轻"岁不与我"的心理压力。人一旦进入暮年，便很容易产生"日暮沧桑近黄昏"的沮丧心理，这时，如果无法摆脱颓废的心理阴影，就真的背上了"一天天走近墓地"的包袱，身体也会衰老得更快，哪来的快乐可言？唐代文学家元结在《樊上漫作》中云："山竹绕茅舍，庭中有寒泉。西边双石峰，引望堪忘年。"有宜人的美景雅园在侧，还想年龄干啥？"山中老人不知岁，只把桃符当岁符。"他们活得潇洒自在，自然都成寿星了。不要总想"人老了，不中用了"，这只会徒增烦恼。

正所谓年岁有加，并非垂老；心境沧桑，方堕暮年。老年人如能忘掉年龄，多想自己还"年轻"，对延缓心理衰老大有益处。事实证明，老年人常参加社交活动，尤其是与年轻人多交往，可收到"忘年"的效果，使自己觉得青春永驻。

若将岁月开成花，人生何处不芳华。皱纹可以长在脸上，但不要长在心里。心若不老，每天都可以是生命中最年轻快乐的一天。

烹调美食滋生快乐

烹调是一门艺术，是一件让人倍感快乐的事情。无论是为自己、为家人、为朋友烹制美食，还是参加烹饪比赛展示自己的厨艺，每一个步骤都充满了乐趣，每一道菜品都是通过自己的创意和探索创作出的杰作。不管你是要炒菜、煮粥、做花卷，还是包水饺，都需要经过准备食材、清洗食材、粗加工、烹制这几个过程，而每一个环节，都像极了玩游戏通关。只有千方百计、全力以赴地完成好每个环节的事情，才能够更快地进入下一关。在这个过程中，我们的节奏会整体放慢。红尘中的恩恩怨怨在此刻与我们无关，生活中的烦恼忧虑在当下烟消云散。我们原本被各种琐事分散的注意力，终于在此刻重新回到了自己身上，呈现的全是沉醉于烹调中的惬意、期待、成就、满足和快乐。

比如挑选食材时的那种喜悦感，让人感受到了生活的美好。在市场上逛逛，挑选新鲜的蔬菜和肉类，嗅着芳香扑鼻的香料，抚摸着外表光滑的水果，都让人感到愉悦。这些食材的质地、颜色和气味，让人联想到不同的味道和烹饪方法。又如切菜时的节奏感，手指与刀具的协作，切出大小适宜的均匀片，带着噼啪作响的声音，让人感到自己不断的进步和提高。最后是每个环节的完成带来的满足感，从美食的烹制到上桌，整个过程都是一种享受。用熟练的技巧烹制美味佳肴，感受到被美食填满的心情，是一种难以言喻的满足感。当然，更重要的是分享美食的欢愉感。把自己烹制的美食与亲人朋友分享，与家人坐在一起享用美食，或邀请好友来品尝佳肴，都是一种幸福的快乐感觉。看着别人表情满足地品尝着自己的菜品，自己也会感到无比快乐。

宽容善良滋生快乐

宽容善良是一种高尚的情操，它

体现了做人的谦虚和真诚，以及对他人的容纳与尊重。在日常生活中，宽容善良往往会让人感到愉悦和温暖，减少怨气和烦恼，让生活充满快乐。有时候，我们可能会对别人的想法和行为产生反感或者不理解，但是宽容善良的人不会因此而排斥或者指责别人。相反，宽容善良的人会尊重他人的权利和选择，并且尝试从别人的角度去理解和体会。这样的态度能够让人们在交往中建立起相互理解和尊重的关系，让人们在心灵上获得宁静和安详。

宽容善良可以让人心胸开阔，生活更加丰富多彩。宽容善良的人不会因为小事而计较或者埋怨，而是乐于接受不同的意见和想法，并且尝试从中学习和成长。这样的态度能够让人们在生活中更加开放和自信，去尝试新的事物和挑战自己的极限。在这样的生活方式中，人们会感受到生活的丰富和多彩，不再被怨气和烦恼困扰，而是享受生命中的每一个快乐瞬间。

当然，宽容善良更是一种心理修养。它需要我们不断地学习，在生活和工作中，要想做到心态平和，要学习处理人际关系，知道如何处世待人；学着糊涂一点，其实糊涂并非贬义词，与认真并不矛盾，糊涂大多数是"装糊涂"，心里是明白的，"水至清则无鱼"，大事要明白，小事可装糊涂；学点心理学和传统的中医学，了解人体几种脏腑功能，以及心理与生理的关系，了解七情（喜、怒、忧、思、悲、恐、惊）是正常心理活动，过或不及在致病中的作用，达到自我控制和调节；学写日记和与亲友交谈，通过这种方式，把自己宽容的话记下来，经过思考，把感性的感觉上升为理性的认识，把自己遇到的不愉快的事与亲友谈谈，既是一种释放（发泄），也是一种交流。

兴趣爱好滋生快乐

根据心理学的观点，兴趣爱好是个体内在的、真实的对某种事物或活动的关注和追求。它不是表面上的关注，而是深层次的意识倾向。兴趣爱好驱使着人们主动地去追求知识和从事特定的活动，它是一种内在的动力。当一个人的兴趣爱好被破坏时，会给其带来精神上的打击，导致他感到沮丧和失去兴致，生活变得索然无味。这是因为人的兴趣爱好和情绪状态直接相关，当我们对某个事物或活动感兴趣时，会产生强烈的求知欲和好奇心，当这些欲望得到满足时，我们会获得心理上的满足感、幸福感和快乐感。相反，当我们的兴趣爱好受到破坏或无法得到满足时，我们就会陷入痛苦和不愉快中。

兴趣爱好的发展可以经历三个阶段：有趣、乐趣和志趣。有趣是最初级的兴趣爱好阶段，它是我们对某种事物或活动产生兴趣的第一步，为我们开启了新的探索之门；乐趣是中级的兴趣爱好阶段，当我们持续参与某种活动并深入其中时，我们会从中获得愉悦和乐趣；志趣是高级的兴趣爱好阶段，它与我们的事业目标和个人发展密切相关，成为我们坚定追求的方向。一旦兴趣爱好被激发，我们就会伴随着愉悦的情绪，以及自发的意愿投入其中，积极地认识和探索事物。

因此，退休后，每个人都应该有自己的兴趣爱好，无论是追寻音乐的旋律、镜头下的美景、书写文字的诗意，还是探索大自然的奥秘，培养兴趣爱好都可以让我们的生活充满乐趣。那么，如何培养兴趣爱好呢？首先，我们应该尝试不同的事物，以便找到自己真正感兴趣的领域。这可以通过阅读书籍、参加兴趣小组、尝试

新的活动等方式来实现。其次，我们应该持之以恒地学习和探索，不断提升自己的技能和知识，和志同道合的人一起分享和交流，能够给予我们更多的灵感和动力。最后，培养兴趣爱好是一个持久的过程。在追求兴趣爱好的过程中，我们可能会遇到挫折和困难，但只要保持热情，坚持不懈，就一定能够克服困难，享受到兴趣爱好带给我们的乐趣。

游山玩水滋生快乐

读万卷书不如行万里路，经常旅行不仅能够开阔自己的视野、增长见识，还能够接近自然、放松身心。退休以后，绽开你的笑脸，活动你的筋骨，摇动你的手臂，迈开你的双腿，把晚年当成玩年，把世界变成自己的游乐场，快乐幸福过好每一天。

在大自然中游山玩水是一种令人心旷神怡的体验。站在高山之巅，远眺群山，感受心灵的自由与触动；漫步溪流，涉足溪水，感受山中的风韵与泥土的芬芳，释放平日烦闷的心绪，感受水流带来的勇气和乐趣；在青山绿水间，我们可以尽情挥洒汗水，在绿茵茵的大地上奔跑，感受动感与自由；我们还可以搭起帐篷，在星空下露营，享受大自然的美

妙与宁静。

　　游山玩水需要的并不只是身体上的放松，也是一种心灵上的净化和迎接挑战的勇气，带着愉悦的心情去探索大自然，更好地去享受生命的美好，更是一种让我们平衡内心、放松压力的方式。在大自然的怀抱中，我们可以发现自我、体验生命，探索自然的奥秘，获得快乐和幸福。

书画园地

久有凌云志重上井岗山千里来寻故地旧貌变新颜到处莺歌燕舞更有潺潺流水高路入云端过了黄洋界险处不须看风雷动旌旗奋是人寰三十八年过去弹指一挥间可上九天揽月可下五洋捉鳖谈笑凯歌还世上无难事只要肯登攀

录毛主席词水调歌头重上井冈山壬寅夏月王铁阳

风雨送春归飞雪迎春到已是悬崖百丈冰犹有花枝俏俏也不争春祇把春来报待到山花烂漫时她在丛中笑

敬录毛主席诗词卜算子咏梅岁在壬寅暮春刘志愚

刘志愚/书法作品　　　　王铁阳/书法作品

童年那欢乐的小河

颜士州

记得小时候，只要我一拉开院门，就能看到门前的那条小河。

小河窄窄的，长长的，总也不知道劳累地流啊流的，也不知道它到底要流到哪儿去。

冬天，河面上结了一层厚厚的冰，亮晶晶的，我想，这大概是小河的棉衣吧。人一站到冰上就会摔倒，要想不挨摔，先要把两条腿使劲绷紧，然后再慢慢地学会弯腰、迈步，用不了几次，就能飞一样地溜冰了，那可太来劲了，"刺——"一下溜出好长一大截子！第一次学溜冰时，我也没少挨摔，奇怪的是一连摔上几个跟头也不觉得疼，真的！还不如妈妈生气时打屁股打得疼呢。溜完冰，一进家门，妈妈就点着我的脑门说："瞧瞧你都成泥孩子啦。"我这才发现自己的衣服上都是"花花点"，棉鞋也湿了。我自知理亏，没敢多说啥，进里屋去寻另一双破棉鞋换上，然后赶紧生火帮妈妈做饭。等到看妈妈的脸色缓过劲来，我这才笑嘻嘻地挨近妈妈的身边，凑近耳朵告诉她："妈妈，我数着的，下午我一共摔了25个屁股蹲儿。"妈妈听后先瞪了我一眼，接着也憋不住笑出了声。我又趁机得意地宣称："蹲就蹲，反正不疼，就不疼。"

夏天一到，河水就涨起来。小河也比冬天时"肥胖"了点儿，"全身"既柔软又光滑。下过雨后，我们坐在河边的石头上，伸出脚丫，就能拍打出一朵朵的水花儿，溅起的水珠高兴得越跳越高……河上面还飞着好多好多的蜻蜓，细长细长的红身子，又扎着一双绿纱一样的翅膀，飞过来，飞过去，一会儿高，一会儿低。低飞时，就去点水，刚点着，马上又飞起。"蜻蜓、蜻蜓，落落，落下来我给你搭窝窝……"我们一边在河边追逐，一边为蜻蜓唱着歌。夏天的小河带给我们无尽的欢乐！

等太阳落到河那头的时候，小河也穿上了闪着红红黄黄颜色的彩装，那彩光比冲着阳光用肥皂水吹起的泡泡还好看，远远望去，小河仿佛一直流进太阳里。

有一天晚上，我和爸爸、妈妈走亲戚回来，我随意一瞅："咦，月亮怎么落到河里了？""嘘，小声点儿，别惊跑了它。"妈妈提醒我。"妈妈，月亮怎么落到河里了？"我又小声地问。可一抬头，看到天上还挂着一个月亮，也就是平常见到的那一个。妈妈狠狠地戳戳我的鼻子："都上二年级了，还这么傻！"我这才拍着后脑勺，嘻，我真是的，那是影子啊，我怎么糊涂啦！但嘴里却嘟囔着："都怪您，谁叫您晚上不让我出门，我都没见过，就不该知道。"

"妈妈，咱门前的小河有多长？"

"很长很长。"

"它流到哪儿啦？"

"流到很远很远的地方。"

很长是多长？很远又是多远呢？夜里，我做了一个很长很远的梦：我梦见我顺着小河边走啊走，走了很长时间，最后，我的眼前突然出现了一个望不到边际的水世界。水是蓝蓝的，脚踩上去，还很温暖，水波荡漾舔着我的脚。一会儿，从水的中央又一下子冒出一群群和我一样大的孩子，接着他们就一拍一打地游开了，像妈妈给我讲的故事里的海娃子一样。这时，我一下子不知从哪儿来了勇气，也跳入水中，去追赶他们了……

这些就是我童年关于小河的记忆了。直到今天，我一想起故乡那条弯弯的小河，那条亮汪汪、承载着我的赤子童心的小河，就总会在心里荡起很多甜美的滋味。

我给三姑"压轿杆"

尹世昌

1944年初夏，我的三姑要出嫁了。那时，她还不到25岁，但在当时称得上是老姑娘了。我们都舍不得她走，但也替她高兴，毕竟男大当婚，女大当嫁啊！母亲告诉我，三姑是给人家当"填房"，过了门儿就当"后妈"。我那时一点儿也不理解，长大了才知，因对方是"庆颐堂药店"的少东家，如花似玉、沉静娴美的三姑即使有些委屈也答应了这门婚事。双方都是老派家庭，虽然20世纪三四十年代已时兴文明结婚，但三姑出嫁仍然使用传统花轿。

当年我12岁，读小学六年级，在我家小字辈中算是老大，于是"压轿杆"这一光荣又露脸的任务自然落到我的肩上。母亲细心地嘱咐我："姑娘出阁乘花轿，娘家人的兄弟或侄子要去'压轿杆'，又叫'挡横儿'，表示女方家里人丁兴旺，不容欺侮。"用现代的话说我要为我三姑做一名保驾护航的使者了。

为此，母亲特意给我打扮了一番，精心赶制了一件蓝绸长袍，外罩青马褂，头上戴顶从大栅栏"盛锡福"帽店买来的带有一颗红绒球的瓜皮帽，脚下穿的是一直放着舍不得穿的母亲亲手为我纳的圆口布鞋。我对着镜子，从上到下、转过来转过去地打量。脸上挂着笑容的母亲拉着我的手左看右看，满脸喜悦地说："我儿子长得俊，人模狗样的像个小新郎官……"弄得一旁的弟妹们羡慕极了。

那时，我们家住在外二区（现北京市西城区）前门外西河沿三眼井胡同5号，虽是独门独院，但房子老旧，破落不堪，出嫁当日只好用多多的大红"囍"字来装饰。有道是：一

家办喜事，全胡同都光荣。大红轿子到来时，顿时锣鼓喧天，唢呐声大作。只见街坊四邻、大人小孩纷纷跑来凑热闹，争着看新娘子。其实漂漂亮亮的花轿到大门口，撤杆去顶后，便由四个轿夫提着轿子四角抬到三姑所在的二门口，堵门上轿，外人是看不到里面的。上轿的时候，只有六亲皆全、儿女满堂的"全福人"陪同照应，就连母亲和二婶等也不可在场。后来我才知道新娘的嫂子之所以不可以相送，是因为"嫂"与"扫"同音，所以我母亲和二婶只得去忙活后勤了。当日，三姑全身披红，红袄、红裙、红鞋加上红盖头，漂亮极了，人也更美了。但我发现三姑那一双大大的眼睛上，竟挂着点点泪珠，那时我也不知道哪儿来的一股冲劲，拍着胸脯向三姑保证道："三姑别怕，有我哪！"四周的"全福人"都笑了，只有三姑笑不出，两颗泪珠滚了下来。

三姑上轿后，轿夫放下轿帘，将轿子抬到大门外，上轿顶、顺轿杆，吹鼓手们起奏，轿夫们要起轿了。这时父亲赶忙将我拉到花轿的右侧，让我用左手扶着轿杆（恰好我是左撇子），并嘱咐我人不离轿，轿不离人，永远跟着轿子。此刻看热闹的人一心

想看到新娘子的真面容，但什么也看不到，只看到个一本正经、目不斜视、不苟言笑、乳臭未干的秃小子，顿时弄得大人笑、孩子叫。大家起哄架秧子，有的说"人五人六你算哪根儿葱"；有的喊着我的小名说"臭美一当当的"（胡同土语）；也有的说"小模样儿还像那么回事儿"；等等。嗨，让他们随便说去吧，我才不会理会呢！我得全神贯注、目视前方、挺胸收腹、大大方方的，一定要出色地完成我的使命。

轿子出了胡同东口，向北走西河沿，穿过前门大街，进打磨厂出东口走花市大街。一路上，一阵鼓一阵锣，吹吹打打好不热闹，吸引了不少过路人驻足观看。轿子前专门有人"开道"，不时地高喊"左蹬空"或"右蹬空"，穿着印有大红"囍"字绿色短大褂的身强力壮、训练有素的轿夫们，会齐刷刷地换肩，或一手叉腰一手握杆或双手叉腰原地踏步。只见花轿一颠一颠的，我的手也随着一起一伏，感觉特好玩儿。此刻还有个妇女用一块红毡子临时将前方轿帘遮住，原来是为了避邪（如遇到下水道井盖等）。我发现他们走路的姿态特像京剧中的圆场步——水上漂，既优

美又扎实。据说轿子里放上一杯水也不会溢出，可见他们抬轿的功夫多么过硬。一直扶着轿杆的我，在旁边看得一清二楚，8个轿夫（前4人、后4人）在口令下齐心协力、步调一致，从起点至终点，一直在走，而且是安全地走、美美地走、没有休息地走，这需要多么持久的耐力和真功夫啊！当然他们就是干这行的，这也是他们养家糊口的饭碗，但劳动者们的这种敬业精神，让我从心底里尊重和佩服。

花轿进虎背口时，远远传来迎亲的锣鼓声、鞭炮声，到了新姑爷家门口，花轿过了火盆和马鞍子，然后落地，至此"压轿杆"的任务算是圆满地完成了。这时，亲家有人迎上前将我领到正面房间拜见三姑的公婆——我向亲家爷爷、奶奶叩头道喜，对喜盈盈的老人家问我一路走来辛苦的话，我落落大方地一一作答。当我起身接过送上来的茶水时，二老夸赞我知书达礼有教养。这当然要归功于母亲行前多次叮嘱我要尊老敬贤、有问有答，做个懂礼貌的孩子。两位老人还亲手将贴有"囍"字的红包送到我手上，我当即再次起身行礼拜谢。

回到家后，我将全过程如实地向家人们作了"汇报"。大家听了很高

兴, 爷爷称赞我说"小子不吃十年闲饭, 能干事了", 父亲在一旁说"世昌长大了, 一次'压轿杆'变得懂事了"。奶奶高兴地让我靠近跟前, 给我塞了个"囍"字的小红包。天啊, 一天两个红包送到我手中, 让我高兴得不知如何是好了。结果母亲却说: "世昌, 我给你收着, 将来你长大了娶媳妇用。"哎, 红包还没有捂热乎呢, 就上交了。虽然有点儿小遗憾, 但一天一路的见识和大人们的夸赞还是让我满心欢喜。

如今我已90有余, 眼下很多刚经历的事都记不住了, 但80年前三姑出嫁的陈年旧事, 我却记得清清楚楚……

永远传承调查研究之风

黄宣元 / 口述   胡寅松 / 整理

1978年, 广东省轻工业总产值在全国各省、自治区、直辖市中排行第二, 1986年, 跃升为全国第一, 并一直保持至今(据统计, 2022年广东省全年地区生产总值达129118.58亿元, 其中轻工业的贡献占了近三成)。这么快的发展速度, 个中有什么奥秘, 一直是国内外经济界人士和业内人士研究与探讨的课题。当时人们都在思考, 在同一时空下, 为什么广东省的轻工业能取得如此巨大的成就, 在它的发展过程中, 有哪些经验与教训? 展望未来, 广东省的轻工业能否依然领先全国? 这些具有战略意义的研究课题, 理所当然地被列入中国轻工总会(现为中国轻工业联合会, 以下简称总会)的研究计划之中。1995年, 总会把研究任务指派给了中国轻工业发展研究中心(以下简称中心)。

中心高度重视这项工作, 同年9月项目立项, 成立调研课题组。当时中心的领导找我谈话, 让我担任课题组组长, 这让我感到意外, 也令我倍感压力。记得陈德惠主任对我说: "你是我们中心办公室主任、研究员, 对轻工行业的情况比较了解, 文字表达能力好, 论文研究成果丰富, 组织上对你担任课题组组长是认可和放心的……对于这项任务, 组织有五个要求, 要高度重视这次调研的重要意义，要始终坚持实事求是地去调研，要做到有新意、有可读性和可操作性，要用市场经济的观点，着重总结带方向性、规律性的探索和实践，要展望有创意的发展构想，突出广东的特色和个性。"就是在这种情况下，我被赶鸭子上架接下了这项工作。

在课题调研顾问方面，轻工业部原部长，时任广东省省长梁灵光和时任广东省副省长钟启权担任特邀顾问。时任中国轻工总会会长于珍担任顾问组组长，总会办公厅副主任陈德惠、广东省政协经济委员会副主任陈长清担任副组长，各轻工企业的负责人也参与顾问咨询。我负责课题调研

黄宣元同志工作旧照

和报告撰写，除了我，还有张永农（广东佛陶集团《陶城报》总编辑）、卢杰鸣（万宝电器集团公司办公室主任）、罗文金（广州永大集团公司办公室主任）等广东轻工行业的同志加入，组成了强大、专业、全面的调研团队。

为了做好这次调研，课题组的同志们开了多次碰头会，分别就明确调研主题、制定阶段任务、选择典型对象、收集资料方式、获取有效信息、行程规划安排、人员分工责任等内容展开讨论，最终制订的调研方案获得了顾问组领导的一致认可。随后调研方案也被下发到有关单位，方便做好前期准备。1995年9月底，调研工作正式开始。

1995年10月，课题组从北京奔赴广东，在广州番禺的广州永大集团公司召开了第一次集中调研会议。会后，课题组先后到广州、深圳、顺德、佛山、番禺和中山等城市调查了20多家具有代表性的企业。当时我国轻工业200强按销售额排序位居前10的企业中，广东省有科龙、宝洁、佛陶、美的、健力宝和中华自行车公司6家，200强企业中，广东省也有62家，高居各省份之首。课题组据此选

择具有行业代表性的龙头企业前往调研。当时课题组所到之处，各级地方领导和企业负责人都高度重视和欢迎，热情地介绍企业发展情况，并邀请课题组实地走访企业生产一线。各企业开足马力、热火朝天的生产场面给大家留下了深刻印象。我对当时各企业引进的生产线情况记忆犹新：一是机械化程度较高，产品在传送带的运送下有序流转，各工位都有条不紊地开展工作，很多生产设备都是从欧美、日本进口的；二是车间较为整洁干净，工具、物料都有专人管理，在专门的场地存放；三是工人的纪律性比较好，大多穿着统一规范的劳动制服，整个生产过程中没有大声喧哗或者随意走动的情况。这和我以前走访过的某些轻工企业有很大不同。

除了实地考察企业的硬件生产厂房设备，课题组还提出要了解企业的软件企业管理情况。课题组认为，广东轻工业之所以能发展得这么好，不单单是区位优势、政策优势、资金优势、生产设备优势的结果，还有企业因地制宜、因人制宜的管理方式和广大劳动者的主观能动性在发挥重要作用。各企业在资金运营、生产管理、质量监管、技术研发、人员激励、打造品牌等方面，都有值得学习和借鉴的地方。因此在走访调研过程中，课题组向企业负责人提了很多企业管理方面的问题，并一一作了翔实

课题组走访调研深圳啤酒厂

课题组同志于广州合影留念

的记录。除此之外，课题组还与部分生产一线的工人和技术人员代表进行了交流讨论，了解他们的从业经历、技能职称、工作感受等个人情况。

从宏观层面开展调研。如果说实地走访企业和劳动者是对广东轻工产业中的杰出代表进行"麻雀解剖"的话，那么课题组与广东省轻纺工业厅、广州轻工集团、番禺区第二轻工业局、顺德区工业发展局等政府部门开展的座谈交流就是从宏观层面绘制一幅广东轻工产业的"千里江山图"。通过梳理广东轻工业发展的历史沿革脉络，评估其发展成就现状，分析其快速崛起发展的原因，探查当下存在的问题和短板，勾勒出

"九五"时期到2010年广东轻工产业的发展蓝图。这些内容在最后完成的调研文集中都有体现。

在课题调研过程中，我们得到了各方面的鼎力支持，有关各级领导和顾问班子给课题研究以关心和指导，经济科学出版社支持帮助研究成果的出版，一些单位和企业都给了课题组不同形式的支持与帮助，说实话我们真没有遇到什么困难，唯一可能不太方便的是那时候撰写报告主要还是依靠手写，比现在电脑打字慢很多。另外有点遗憾的是，那时候交通还没有现在发达，还有一些有代表性的地区和轻工企业我们没来得及前往调研。

课题组于1995年10月在广东各

市县走访调研了20多家轻工企业，随后返回北京，调研进入撰写研究成果阶段。1996年4月，于珍会长在课题组的一份研究进展情况汇报材料上作了"同意，要抓出成果"的重要批示，进一步推动了课题研究工作。其间，课题组和顾问组的领导同志还在北京召开了2次座谈会，就汇总收集到的资料进行初步研讨。同年11月，课题组在广东省石油气用具发展有限公司"万家乐"招待所召开了审稿会。会后，写作班子各自对研究成果作了进一步修改。课题研究从1995年

黄宣元同志近照

《成就·问题·对策——广东轻工业快速发展的回顾与展望》

9月调研开始到1997年4月调研成果结集发排，历时一年半。随后，在发排出版过程中，直至党的十五大召开之时，又增加了多篇引人关注的，对深化企业改革很有参考价值的，有关调整和完善所有制结构的最新探索文章，最终出版了《成就·问题·对策——广东轻工业快速发展的回顾与展望》（以下简称《成就·问题·对策》）一书。

《成就·问题·对策》这本书由于珍会长作序。杨玉山、徐运北两位老部长读后给予了高度肯定，盛赞调研成果有新意、有可读性和可操作性。同时总会决定，将本书作为1998年1月召开的全国轻工业厅局长会议的分发阅读材料，向与会同志推荐。

青年小组走访慰问黄宣元同志

书里的内容非常丰富，涵盖了广东轻工业发展的方方面面。书中把课题组在调研过程中了解的一些"活情况"、抓到的一些"闪光点"、捕捉到的一些发展动向和趋势作了编述，包括"重视制订好'九五'规划""不能靠'堆头'发展经济""关注核心技术开发攻关""靠高新技术增强持续发展后劲""建造一批'航空母舰'""不能让工人带着情绪上岗""追求完美""广东轻工企业家特点"等16个方面的内容，算是贡献了自己的一点智慧和绵薄之力。书中的其他篇章也都是课题组和顾问组成员的心血佳作，整本书都是课题组和顾问组各位领导、专家、同志们共同智慧的结晶。可以毫不夸张地说，《成就·问题·对策》一书是研究中国轻工业发展的重要著作，至今我都为能够参与这项工作而倍感自豪和骄傲。

以上是我参与1995年调研广东轻工业发展的回忆，年代已久远，或有不准确之处，还请批评指正。感谢当年一起参与工作的领导、专家、同志们的帮助，是大家一起完成了这项很有意义的调研工作。也祝愿新一代的"轻工人"继续秉承我们党调查研究的优良传统，在工作实践中不断总结经验，发现问题，寻找办法，推动祖国的轻工事业不断向更好更优发展，为中华民族的伟大复兴添砖加瓦。

露天电影

刘香河

我调至宣传部门工作不久，便参与组织了一次"送文化下乡"巡回活动。其时，上上下下都在喊"送图书下乡""送电影下乡""送戏下乡"……颇热闹，但我对此不以为然。可当我在某一"村小"（乡村小学）看到操场上坐满了黑压压的人群，都在盯着悬于球架间的银幕时，当我看到我们带下去的影片《敌后武工队》引起了全场群众热切的欢呼时，当我看到电影散场以后那久久不愿离去的人群时，我愕然了。那熟悉的场面，那熟悉的情形，把我带到了早已淡忘了的童年时代，带到了我整个童年时代都离不开的露天影院。

我的童年是在苏北平原上一个不起眼的小村子里度过的，和所有乡里孩子一样，盼电影放映队到村上来成了我顶快活的事情。电影放映队一来，村里就有露天电影可以看了。其时，看露天电影几乎成了村里人生活中主要的精神文化享受。

露天电影的场地，多半在村庄那空旷的打谷场上。打谷场上稻谷入了仓库，稻草堆成了垛，空旷、平整，好容人。稍稍像样子的村庄，露天电影也有在学校操场上放的，这学校起码得是个完小（完全小学的意思，小学几个年级要齐全），否则操场根本不够用。在学校操场放电影的好处，一到冬季就显示出来了。西北风刮得呼呼的，露天里，人们冻得直发颤，可电影放映队个把月才来村上一趟，咬着牙也要看到结束。这时，倘若是在学校操场上，那四周高高的围墙，便能把寒风挡在墙外，看电影则暖和多了。

家乡是苏北出了名的水乡，出门见水，无船不出行，历史久矣。因而，电影放映队，实则是电影放映船。一个乡，几十个村，就一条电影船，一台放映机，配两三个放映员，其中明确一名为队长。电影放映船先到哪个村，后到哪个村，是有规矩的，这事是乡里管的，不要说放映员没权改变，就连队长也是不好擅自改变的。不过，放什么片子，是放一部，还是两部，则是凭队长、放映员做主。知道内情的，便事先跟放映员打好招呼，轮到放映时，不仅能看到新片子，而且能看上不止一部，狠狠地过把看电影的瘾。这人情，村上自然得"有数"才行。于是，电影放映船那"突突突"的柴油机声在村河上一响，村干部便安排公勤员忙着逮鸡、逮鸭，到代销点打酒、买烟，忙活起来。

"今晚放电影啰！""电影船来啰！"先是村子里的小孩子欢喜得跟什么似的，蹦着，跳着，喊着，跑回家。很快，今晚村子上要放电影的消息就传开了。尽管天色还早，大人们却都结了手里的活儿，回家做晚饭，好踏踏实实地到场头上等着看电影。小孩子则忙得更欢，扛大凳，搬椅子，抬桌子，一个劲儿往场头跑。一会儿工夫，空旷的场头上，便摆满了高高低低、长长短短的凳、椅，一行挨一行，倒还算得上齐整，像是训练过的一般。其实，每一回村上来电影放映船，小孩子们都是这样，早早地在场头排满凳椅，早就训练有素了。

露天电影不像城里影剧院放映电影有固定时间、场次，露天电影放映的早、晚掌握在放映员手里。几乎每一回露天电影，大人也好，小孩也

罢，都要盯着场头上那白色的电影幕子好一阵子，回头望望放映机，摆在大桌子上，就是不见放映员的人影，只好再盯着那白色的银幕。在人们急切的等待之中，放映员浑身散发着酒气，在村干部的陪同下，来到了放映机旁。此时，人群一阵欢腾："噢——噢——"他们为终于等来了又一场露天电影而兴高采烈。其实，一场电影很少是极顺利地看完的，其间总会生出一些事来，断带啦、放映机出故障啦、停电啦，甚至人群里为个鸡毛蒜皮的小事争执啦，诸如此类，搅得场头上乱哄哄的，人们心头烦躁躁的。尽管如此，也没有哪个舍得离开，电影放映船来一次，不容易噢。

当时，露天电影的片子，多半是战争影片，几乎是从一开机就"冲啊——杀啊——"，直到放映员从麦克风里说出"电影散场以后，请大伙儿慢慢走"，那银幕上依旧是冲锋号不断，喊杀声不断。即便如此，大伙儿看得还是津津有味的，直着脖子，站着看完影片的结尾。自然也有例外的，在我的记忆里，村东头就有一个叫"开大钱"的人，每每银幕上战争进行到极艰巨、极关键的当口，他便提了小凳子，早早离去。别人甚是不

解，奇怪如此紧张的战争情节，他怎么不看个究竟。别人询问，"开大钱"似乎胸有成竹，丢下句"看什么，中国胜！"悠然自得地离开。此后，"开大钱"的"中国胜"在村子上很是流行了一阵子。逢到电影放映船来村上，便有小年轻拿"开大钱"开心，"开大钱，今晚放什么电影呀？""中国胜！""开大钱"把握十足，丝毫没有开玩笑的意思。你别说，那时的战争电影，还都叫"开大钱"说中了，到片子结束，都是"中国胜"，无一例外。

看露天电影的，绝不仅限于本村人，邻近村子的大人、小孩也很多。这一带，村与村相隔算不得远，碰上顺风向，一个村上放电影，另一个村上的人坐在家里也能清清楚楚地听见电影里的台词呢。那年月，乡里人做梦都没见到过电视机，一年难得进一趟城，即便是进了城，也舍不得花几毛钱买一张票坐在影剧院里的，那得要一个劳力做几天工呢。露天电影，在他们精神文化生活里就显得非常重要了。因而，电影放映船今晚在哪儿，明晚又去哪儿，他们都打听得一清二楚。为一场电影，跑三五里乡路，将衣服脱了举在手里，踩水游几条河，那是常有的事，不稀奇，我也干过。

露天电影，给乡里的孩子们带来了无穷的欢乐，给乡里的青年男女则带来了播种爱情的土壤，尤其是青年男女成群结队去邻村看电影，一来一回，要走好几里乡路呢，那人群越走越散，越走越稀，渐渐地，没了先前的嬉笑，没了先前的队形了，定神一看，多半是成双成对的了，似戏水鸳鸯，散在田野里。要是碰上明月当空的夜晚，那一对对情侣，漫步乡间小路，享受乡野夜晚的安谧，享受如水月色的轻柔，享受两情相悦的温馨，暂且丢掉一切，什么都可以不想，岂不美极，妙极。若是碰上黑夜，又忘了带马灯之类，那便会生出些笑话来。那青年男女，自顾卿卿我我、甜甜蜜蜜，稍不注意，"扑通"，整个人跌下槽沟，待后边的人用马灯上来一照，一对鸳鸯，顿时成了两只落汤鸡，引得一阵大笑。随后，要挂在人们嘴边好一段时日，才被渐渐淡忘。

这些都是二十几年前的事了。在外地读过几年书之后，我就一直在城里做事。乡村对于我似乎变得陌生了，童年时代的一切亦变得模糊了，唯有那露天电影，成了留在我脑海里一道抹不去的风景，我童年时乡村独具魅力的风景。

雪的盛宴

张亚凌

四十年前的关中农村，有些人家住的还是茅草压顶的低矮的房子。大雪过后，那些房子的屋檐就成了华美的舞台，雪是独舞者，阳光则心甘情愿地充当起道具。

寒冬里刚升起来的太阳，极像初来乍到的小姑娘，怯怯地，试探着散发出一点微弱的光。屋顶的积雪实在经不起一点诱惑，只要有阳光，就殷勤地讨好着，欢舞出一层闪闪的亮。那亮，似乎推动着雪，恍惚间屋顶的雪如波浪般涌动起来。

积雪开始融化，倒有点像此刻的阳光，腼腆而羞涩。一滴，一滴，顺着茅草往下滴。像在试探，试探地面会不会接受它们的突然造访。

慢慢地，太阳似乎适应了寒冷，放开手脚闹腾起来，连小脸蛋也涨红了。雪也被越来越强的阳光感染了，不再一滴一滴，而是手拉着手肩并着肩三五成群地奔跑起来。

那时的屋檐下，成了水帘洞，早已憋不住的我们便穿梭其中，好不快活。哪管冰水是打在头上，还是流进脖子里，笑声比屋檐的滴水声响亮多了。

午后，太阳倦了，累了，想歇息了。那光，自然也收敛多了。雪呢，也就似融非融地将就起来。消融了也不急于落下，半推半就，附着在了茅草上。

消融，附着；附着，消融。如此反反复复，倒显得从容而执着。

这时你再看屋檐吧。屋檐前倒挂着参差不齐的锥形冰溜子，一长排的冰溜子。阳光下，那些冰溜子晶莹剔透闪闪发亮，煞是好看。

更神奇的景致出现了：屋檐及相应的地面，都有锥形冰溜子。屋檐处向下，地面向上，像两排巨大的白色梳齿，遥遥呼应。

而我们，才开始了真正的戏耍。

从玩地上那排冰溜子开始吧。蹲下来，双手绕着冰溜子搓着转着，先是双手冻得通红，而后开始发热，从手心一直热到脸上，沁出了汗珠儿。

汗珠儿让我们脸上的笑也活泛起来，笑声噼里啪啦抖落一地。

地上那排冰溜子被搓着摇着晃着，早已不能坚守阵地了，我们就开始比赛脚力：站成一排，飞起一脚，看谁把冰溜子踢得最远。冰溜子碰撞在对面的墙上，冰花四溅，蔚为壮观。

地面的冰溜子被消灭了，而后满脸都是汗珠儿的我们在屋檐下一字排开，一仰头，房檐下倒垂的冰溜子就恰到好处地在嘴边静候着。我们伸出舌头，舔了起来，宛如吃着最大的冰棒。

想想，冬天，穿着破裤子烂袄冻得瑟瑟发抖的我们，却仰着脸蛋舔冰溜子，一群可笑又可爱的小家伙。

玩累了，也真冷得撑不住了，回家前还各自数清自己的"冰棒"是第几个——明天还要继续。

第二天，太阳撒欢的时候，这支队伍就浩浩荡荡地开过来了。各就各位，预备，开舔！

舔着，说笑着，手上拉着、扯着，脚下踢着、踹着。不亦忙乎，不亦乐乎。

"啪——"一个冰溜子竟然脱落了，砸在一张小脸上，脸上便开了朵水花。那家伙竟然忘了疼，像中了彩般笑起来。于是大家就开始猜测，第二个会是谁？有期盼也有畏惧，那种心情，就叫矛盾吧？

嘴巴舔着，太阳晒着，小手也掰着，冰溜子损失惨重，以至于仅存屋檐下那点——我们跳着蹦着也够不着。

接下来呀，就进入射击阶段。乡下孩子野，女娃个个都像花木兰。男孩女孩，一人一把弹弓，目标就是变小了的冰溜子……

童年的冬天，冷吗？很冷！有期待吗？当然！不过期待的不是大火炉而是大雪，期待着奔赴一场雪的盛宴！

纸剪情深

耍猴儿的

孙学铭/剪纸作品

关于父亲的记忆

江小鱼

父亲的确是个好父亲，母亲却是个一心不可二用的人，她想做个驻扎进孩子们心里的好老师的愿望，就在对我们兄妹仨的不管不顾中实现了。

仨孩子要按时吃饭，父亲出入厨房开始施展厨艺；仨孩子要穿戴得像样，父亲脑子里的算盘扒拉得飞快，挣了钱才能买来需要的衣物；仨孩子有情绪闹腾了，当然还是父亲出马对哥哥们声色俱厉，对我则是用好东西来贿赂……对，是母亲，是原本一脚踩在地里一脚踩在讲台上的拥有民办教师身份的母亲，将自己整个儿交给了学生，把家整个儿丢给了父亲。

20世纪70年代末，是收音机的年代。从刘兰芳的《岳飞传》开始，每天晚上父亲都会让我将听到的片段再讲给家人听。偶尔，他也会补充些细节。农闲时叔伯大婶们在巷子里拉家常，父亲会以他的影响力将大家召集到我家门口。

"让我凌娃给长辈们说一段评书。"他目光里是满满的期许。

在众人的围观中，我练就了胆量，培植了自信。讲台上的母亲只看到我蔫不拉唧半死不活的成绩，打击得我一度怀疑自己笨到无药可救，而在田间地头奔走的父亲却以他的方式搀扶着闺女，让我不致跌倒。今天的我之所以口齿伶俐喜欢写作，那神奇的种子与日后庞大的文学根系，应来自父亲。

我的顽劣不亚于俩哥哥，被巷子里大大小小的人都唤作"三小子"。翻墙进园子偷苹果，仓皇出逃时摔折了腿；后院柴堆旁烤红薯，烧了家里一间房……我一惹事，都是大事。只有没耐心的母亲情急之下揍过我，且是在父亲缺席的情况下的单方面制裁。父亲不会打我，父亲在场时也绝不会让我挨揍，他的理由很奇葩——"女娃，就要爱、要宠。把娃打皮实了，将来嫁出去，当不了好媳妇成不了好妈，一河滩的鸡犬不宁。"

父亲会引导我走向他想让我走的路，成为他期待我成为的人。

从小跟着父亲赶集，他都会让我到书店选本爱看的书。晚上，一有空闲，父亲就给我们讲故事：有半真半假或不知真假的历史故事，从秦始皇、刘邦、项羽、李世民一直到康熙、溥仪；有传说，从《三侠五义》到《杨家将》再到《水浒传》；有诗文，从屈原到司马迁、李白再到苏轼、蒲松龄，父亲是个很博学的人。

如今想来，读过师范做了教师的母亲，因为特殊时代学校停办，才嫁给了因家庭出身不好无法把双腿从地里拔出来的父亲，两个颇有能力的人都有某种程度的不幸。庆幸的是，从我有记忆到他们去世，从未见两人脸红过争吵过，只是谁唱谁和，谁主场谁打圆场，因事而定。又或许，父亲一直爱读书，也努力给我们兄妹创造读书氛围，也是为了领着我们撵上母亲曾迈进过师范校园的脚步吧。

父亲一直是我心里最最能干的人，他做事进退自如，不大受外界影响。父亲双手打算盘，精于算账。听村里人说，曾有银行领导专门到村里要招父亲去上班，被贫协主席"刘瘸子"拦住了。人生的悲哀就是在某些特殊年代，一个懒散至极且能力与品行皆无的人，却可以轻而易举地改变别人的

一生。倘若因走不出农村就过不好日子，倒真不算是有能力的人。父亲是没有走出农村，可他当会计、当队长，当我们队的各方面遥遥领先于全村时，父亲已是全村人眼里的大能人了。

1981年，我家盖起了全村第一座楼板房，成了全镇第一个万元户。年轻的父亲乘火车坐飞机走南闯北，"丽江""桂林山水""九寨沟""长城""五大连池"……这些只有在书里电视里才能看到的名词第一次呈现在我面前的形式，是有父亲在的照片。

大哥的同学上大学没钱，父亲资助。同学的父亲病故买不起棺材，父亲资助。我说好朋友家境不太好时，父亲说上不起学咱供。我们兄妹的好人缘会不会得益于父亲的慷慨？日子过成父亲那样，值得儿女骄傲。

这般能干的父亲却从来没有大男子主义，母亲不喜欢做家务，对我们敷衍又缺乏耐心，他也不曾有过丝毫意见，理由很简单：你妈是文化人，不在小事上浪费精力。他身兼数职，以更温馨的方式对家庭作了修复与弥补，爱从没缺席。

我也不是个好孩子，幸运的是，做了妈妈后父亲是我在家庭里的榜样，母亲则一直是我职业中的风向标。

外 婆

刘仁前

这是我自学习写作10多年来，一直想写的一篇文章；这是我自学习写作10多年来，一直想写的一个人物。无奈，我手中的笔太笨拙，写不出生动感人的文章，勾勒不出外婆那慈爱的形象，我只得把思念深藏在心底，让外婆永远活在我心灵深处。

——题记

外婆辞世已经10多年了。这10多年间，每每想及她老人家，我的心底总有说不出的伤感和内疚。这10多年间，我竟没有在哪个清明去祭拜过她老人家一次。外婆坟头的草青了，我不知道；外婆坟头的草枯了，我亦不知道。凝望窗外淅淅沥沥的春雨，遥想通往老家的乡路，我的心在隐隐作痛，我的思绪早飞向了那铭刻在脑海里的小茅屋……

（一）

我们那里的孩子，喊"外婆"都喊"婆奶奶"，"外婆"是城里人的叫法，我们乡里孩子喊不惯。一到夏天，婆奶奶总在小茅屋前的树荫下"吃"麻纱，把从麻秆上剥下的皮，在水盆里浸泡一定时间后，用手指甲一根一根剔成丝，再将丝一丝一丝连接起来，成了丝线便能派上用场了。这丝丝相连的过程，不仅手上要有技巧，还要将丝在嘴里过一遭，这"吃"的技巧则更妙，纯粹民间绝技。那时节，麻纱用处可多啦，家中做蚊帐，姑娘媳妇做上衣，均是上好的料子，挺括、透气，婆奶奶"吃"麻纱的技术可高啦。

"婆奶奶，鸡又下蛋啦，你来看。"婆奶奶有一只芦花大母鸡，可拿它当宝贝了。她常说，在她眼里，芦花母鸡算第二宝贝呢。那第一宝贝，当然就是我啰。婆奶奶听到我的叫喊，连忙丢下手里的麻纱，笑眯眯地说："扣伙，今儿婆奶奶煮个蛋给你解解馋虫子。""就是嘛，人家快馋死了。哎哟，大芦花都生这么多蛋喽！"婆奶奶从内屋墙角边的小泥罐子里掏蛋时，我望见罐子都满口了，便不由得惊奇地叫了起来。"真是小馋猫，你不是让婆奶奶攒钱给你买什么字典吗？"婆奶奶拉我到她身边，抚摸着我的圆脑袋，提醒我说。"对呀，别看我个儿不高，可我已经读五年级啦。我要新字典！"我高兴地跳了起来。前些日子我跟婆奶奶嘀咕了一回，不想她倒放在心上了。"婆奶奶，你真好，真好！"我钻进婆奶奶的怀里嚷个不停。"哟，婆奶奶可不好，不给扣伙煮鸡蛋。""嗯，不嘛，大人不记小人过嘛。你说呢，婆奶奶？"我歪着圆圆的小脑袋问。"就你鬼。"婆奶奶用手指轻轻点了点我的额头，开心地笑了，脸上的皱纹都舒展开了，眼睛早眯得线丝儿似的。

（二）

我婆奶奶家在香河南村，我的家在北村，相隔一条宽宽的乡路，不远。11岁那年，我到南村前面的一个村里读五年级。那时，我们北村只有三个五年级学生，老师跟公社反映后，就安排我们三个到那里上学。这下正好，我便每天都住在婆奶奶家，懒得回自己家去。过些日子，母亲不放心，来看一回，母亲来时，总想带我回去。家里就我一个儿子，父母亲

自然挺宝贝的。可我总是躲到婆奶奶的身后，"不，不嘛，我不回家。"见我死皮赖脸不肯走，母亲也无法，婆奶奶却"呵呵呵"地笑了。

其实，我从一生下来就没在妈妈身边多少天，是婆奶奶把我带到这么大的。听婆奶奶说，20世纪60年代生活还很困难，我妈生了我后没奶，婆奶奶硬是用米粉把我喂大。你说，我能不喜欢婆奶奶吗？

和婆奶奶住在一起，我放学回来也帮她做些轻巧的家务活计。夏天里，我最喜欢和婆奶奶一起下地浇水。婆奶奶的自留地里，要浇水的东西可多啦，刚栽的山芋苗，才割过的韭菜，活棵还没多久的茄秧子、辣椒秧子。我呢，顶喜欢爬到外公坟上给黄瓜浇水。那嫩黄瓜，脆生生，甜津津，既解渴，又解馋。头几回，我为了浇水爬到外公坟头上，婆奶奶连忙喊："扣伙，快下来，别把你外公的坟踩漏了，刮风下雨你外公会遭雨淋的！"我不懂坟怎么会漏，外公死了怎么还会遭雨淋。毕竟，我才10来岁。"婆奶奶，外公死了几年了，我怎么没见过？"我停住手里的活计问。"呆扣伙哟，你哪能见到他呢，你刚出世，外公就饿死啦。"婆奶奶

说得轻描淡写。"这是你老舅的坟。多好的孩子，算盘打得好着呢，画个花呀鸟呀，可像啦，手巧着呢。可命薄，少年亡啊。和你外公一块死了。连病带饿，嗐，命薄！"婆奶奶自言自语，又浇起水来。

我不大晓得命是什么东西，然而，婆奶奶的话告诉了我，外公和老舅在我出生的那年就饿死了。我自然只能看到他们的坟了。后来，我又问过婆奶奶，我妈是老几？婆奶奶说是老九，最小。哎呀，婆奶奶养这么多孩子，青年时候还上江南、闯江北地混生活，那日子肯定够苦的。听说，在上江南的路上，还送了一个姨娘给人家当童养媳，都是被穷日子逼的。如今，日子比从前好多了，婆奶奶却常叹气："把他们一个一个带大了，像燕子一样，翅膀一硬，能飞便飞了，落得我一个老妈子守在小茅屋里喽。"她坐在茅屋门口"吃"麻纱时，就情不自禁地叹气。每当这会儿，我便丢下手中的作业，钻到她跟前："婆奶奶，不是还有我吗？我就和你住一块，老不走，老不走。""是啊，是啊，要不是我们扣伙，婆奶奶连说话的人都没有呢！"婆奶奶搂着我，望着渐渐西沉的夕阳，脸上露出了欣慰的笑意。

每天上学前，我总照应一声："婆奶奶，我上学去啦！"婆奶奶也总要朝我身上细望一回，看衣服脏不脏，缺不缺东西，然后挥挥手："去吧，好好学字！"她认为上学就是学字。有时事忙，脱不开手，她人不出屋，也要在屋里应一声："去吧，别在外头呆玩，不要下河，回来吃饭。"一放学，只要望见婆奶奶家那矮屋门，老远地，我便喊起来："婆奶奶，我回来吃饭啦！"婆奶奶总是笑眯眯地把我迎进小茅屋。

（三）

"唉，烫得这个样子，回去就这么几天，怎么就……"婆奶奶粗糙宽大的手，抚摸着我的额头，还想说什么，见父母亲守在一边脸色很慌，便不再说了。

我是因为得了一种叫伤寒的病而住进县城顶大的医院里的。父母亲着急得不得了，尽管医生已经告诉他俩，孩子的病没什么危险。但他俩还是紧张得不得了，非要婆奶奶赶来。从老家到县城要走几十里的乡路，婆奶奶是旧时裹了小脚的，再加之上了年岁，从乡下赶来真是不容易的。

婆奶奶从竹篮子里端出一只"二

郎盆",递给母亲说:"桂子(妈妈的乳名),快把这盆鸡汤热一下,给扣伙吃点儿。""妈,你把芦花鸡宰啦?"母亲疑惑地问。"嘻,问这做啥,还不快去热了。"婆奶奶冲着母亲直摇手。我躺在病床上,听得明白。鼻子一酸,泪珠直在眼窝里打转转。婆奶奶呀,你疼爱孙儿,把您唯一的摇钱树给宰啦!我心里头直打战儿。"疼吗?乖扣伙,婆奶奶来看你、陪你,别怕。"她坐到床头,轻轻地,轻轻地,抚摸着我的头,我的手。此时此刻,我多想喊出来啊,可连续几天高烧,烧干了我的嘴唇,烧哑了我的喉咙。我有许多许多的话,要对婆奶奶说,可半句也说不出来。我只得把她的手放在我的脸上来回抚摸。婆奶奶似乎望出我的心思,宽慰我说:"好孩子,值得的,开春又有新鸡苗子了,婆奶奶多养几只。"我点点头,使劲儿点点头,泪水滴落在婆奶奶慈爱的大手上。

(四)

我也像城里孩子那样把婆奶奶喊作外婆,是我离开婆奶奶那矮小的茅屋,到外地读了几年书以后的事情了。

当我拿着录取通知书登上汽车,即将离开母亲,离开外婆的时候,心里酸酸的。父亲帮我拿行李,他是要送我到学校的,这是我平生第一次出远门,还要独立在外地生活。母亲早哭得泪人儿似的,唯有外婆在劝母亲:"桂子,哭什么,扣伙争气,考上学校是件喜庆的事,哭什么啦。他这日子是顶好的,就像嫁闺女一样,改不得的,留不得的。"

在母亲的哭声中,汽车发动了,我伸长脖子朝车窗外的母亲和外婆挥手,猛地,我发觉外婆的眼角亦已湿润了。我鼻子一酸,泪水止不住地流了出来……

校园生活是丰富而充实的,然而我还是常常想起老家,想起我那慈祥的外婆。有时,在街上走,老远看到一位穿黑衣裳的老奶奶,总要把她跟外婆比较一番,有几回,竟误认成我的外婆了。见人家回过头,这才不好意思地走开。每每读着家信,眼前便会浮现出那熟识的乡路,那穿一身黑衣裳,挎着竹篮子,手扶拐杖的身影,正颤巍巍地朝我走来……

然而,当我在外地读完一年书,高高兴兴准备回家过年,期待和日思夜想的外婆团聚时,刚跨入家门便见母亲噙着泪,给我拿来了白布帽子,父亲在家神柜前点燃了几张黄纸,"孩子,给你婆奶奶磕个头吧!""什么？你们说什么？"我不敢相信自己的耳朵，"外婆过世啦！"父亲一字一顿地告诉我。这晴天霹雳把我打蒙了，我一下子瘫倒在地上，失声痛哭："外婆，我要见外婆——"

母亲告诉我，外婆是因为火灾去世的。本来，外婆的头疼病在母亲的照料下已经好转。因为连续在外婆这边照顾，好多天没有回家看看了，父亲在公社开会，几个妹妹在家没人照应，母亲这才抽空回了家，可外婆身边却没有一人相伴。几个舅舅虽与外婆住得近，但隔屋隔舍的，外婆又不肯到他们那里去住。事情偏偏在这一夜发生了，半夜里几个舅舅听到屋外有竹子的炸裂声，起身看时，外婆的小茅屋已火光冲天，变成一片火海。他们顾不得许多，扑进火海，可怎么也找不到外婆，等到大火扑灭后，他们才在茅屋的门口发现外婆。此刻，那残存的茅屋柴门上赫然悬着一把锁。

我欲哭无泪，心中满是悲愤。我恨，恨那无情的铁锁；我恨，恨那不公的上苍；我恨，恨那些不孝的子女；我恨……恨我的无能。

（五）

"外婆，您上哪儿去？带我去吧！"外婆穿一身黑衣裳，挎一只半新的竹篮子，蹒跚地从我身边走过，一句话没说。我拼命地喊她，叫她，拽她的衣角。怎么，她难道不是我日夜思念的外婆吗？难道不是疼我爱我的外婆吗？"外婆，您怎么了？去哪啊？带我去吧！"

当我翻身坐在床沿上，神情恍惚地望着从窗外投进来的淡淡月光时，才意识到，刚才是梦。外婆已经去世了，像许许多多的人那样，默默地来到人世间，又默默地离开了这个世界，一切都无声无息。外婆的辞世，结束了她犹如收获时漏掉的一粒麦子一样不会惹人注意的一生。可在我的心里，却是收获时节遇到的大灾难。

夜是静静的，静得连院墙角缝隙里无名昆虫的鸣叫都变得异常刺耳。我慢慢站起身来，踱着步，月亮渐渐西去了，天上有流星飞逝。"又是什么人死啦。"我心里想。外婆曾说过，天上落一颗星地下就死一个人。我抬头在天上寻找着，希望能找到外婆在天空的位置。忽然，我眼前出现一片星海，外婆身穿黑衣裳，挎着小竹篮子，从天空飘然而至，眼睛眯成线丝儿一样对我笑呢！外婆，是您来了吗？我伸出双手……那矮小的身影，飘飘悠悠地，飞进了我的心里。

烟村晓雪

乔秀清

写此文时正值寒冬腊月，天空飘起了雪花。我的心又飞到冀中平原的滹沱河畔，拥抱和亲吻乡村的晴雪，寻找雪花般的童心和雪地上的足印。

父亲是很勤快的庄稼人，一大早，他就取来扫帚和铁锹，搬梯子上房，把房顶上的积雪一股脑儿扔进院子里，然后，又把院里的积雪搬运到街旁。我在院内堆起雪人，那雪人个头高，膀宽腰粗，两只眼睛是用煤球代替的，被白雪衬托得乌黑发亮，它还张着大嘴巴，样子很憨厚。

父亲问我，雪人的嘴巴，为啥整得那么大？我答，为的是让雪人能一口吞下太阳。父亲笑了，说我小小年纪，口气比天大。我说，平原上的孩子，不能让人小瞧了。父亲的脸上露出满意的表情，对我说：走，到街上扫雪去。走出家门，我和父亲挥舞着扫帚和铁锹，清扫街道上的积雪。

那时的我年幼无知，不明白父亲为啥要打扫街道上的积雪，常言道，各扫门前雪嘛！望着父亲那满脸的热汗，我嘟囔着甩给他一句：真是自讨苦吃。父亲说，我是村里的共产党员，党员不带头，街道上的积雪谁去打扫呢？我沉默了，心里顿时生起对父亲的仰慕之情。

距离我们200米远，小街的东端也有一个人在扫雪，影影绰绰的，看不清那人是谁。等彼此越来越近，我才看清他是同一条街上的乔增瑞，是一位复员军人，在部队时开坦克，还参加过抗美援朝。几年前他复员回乡，担任生产大队的队长，是村民百里挑一选出来的村干部。瞧他，依然穿着一身褪色的军装，保持着军人威武的风采，他的旧军帽上落满了雪花，眉毛上挂着白霜，脸上热汗淋漓，嘴里喷着热气，样子略显疲惫。

这条积雪的小街，被一位共产党员和一位复员军人打扫得如此干净，来往的行人都情不自禁地向他俩投去敬佩的眼神儿。

我走上前去说，增瑞叔，你起得早，不论刮风下雨，还是雪天，在这条街上总能看到你的身影。

他说，这条街上的百姓，都是咱们的父老乡亲，他们生活得幸福，我才高兴哩。

原来，这位宅心仁厚的复员军人，心里装着老百姓，他的话，像一片片晶莹透亮的雪花，融化在我脚下的这片土地上，孕育着平原上的春天。想到这儿，我越加喜欢雪花了。

我问增瑞叔：你喜欢雪吗？

他动情地说：喜欢呀，雪，救过不少人的命哩，你知道在前线，我们志愿军官兵吃的啥？一口炒面，一口雪呀！如果没有雪，那就惨啦！不知有多少志愿军官兵会被渴死饿死。你知道志愿军吃了多少雪吗？告诉你吧，加在一起，就是一座大雪山！

哇，我惊愕了！又问：雪冰凉冰凉的，很难吃吧？

他笑了笑，说：饿了，啥吃着都香。何况，那是救命雪，香着呢。

救命雪，香雪，我第一次听说。

说实话，长这么大，我还没尝过雪的味道呢，那一刻，我情不自禁地从街旁雪堆里捧起一团白雪，大口大口地吃了起来，感觉这家乡的雪很香很甜。

冰清玉洁的雪花，净化我的灵魂，滋润我的岁月。即使斗转星移，海枯石烂，我永远不会忘记那暖心的一幕。那是冀中平原一个飘雪的清晨，被批准参军的我要离开家乡，奔赴军营。爹娘踏雪一直送我到村口，那位复员军人——增瑞叔也匆匆赶来了。他们站在雪幕中，眼巴巴望着我渐行渐远的身影，久久不肯离去。我依稀看到，他们都变成了雪人。

几十年的军旅生涯，我经常在梦中听到滹沱河的涛声和平原上雪落的声音。远离故乡，我觉得自己就像一片雪花。是的，我很渺小，渺小得像银河里的一颗星，我却能把整个大地拥抱。真的，我愿变成雪花，第一个敲响冬天的大门，把洁白的礼物，送给这个世界。倘若能给大地一丝滋润，我宁愿在阳光下融化自己。

南岭南　亲人亲

黄　诚

顺着街道抬头看向家的方向，路牌上"长沙413千米"的字样很是打眼。400多千米，这是一个不很远也不很近的距离。

我驾车穿过南岭山脉，站在了南方小城仁化的街头。我深深地伸了一个懒腰，认真地呼吸着这岭南的风，仔细地感受这座我第一次到达的小城的一切。

马路对面，一棵巨大的古樟树引起了我的注意。这么大的树，依旧枝繁叶茂，让人啧啧称奇。更让人觉得奇特的是，大树的主干和枝条上，寄生着大大小小的各种植物，其中最大的是一棵榕树，它的根系已经扎进了樟树的身体里，长得生机勃勃。

我正忙着给这棵古樟树拍照，志叔从马路对面的酒店打来电话：菜已上桌，该吃饭了。

（一）

志叔是我堂叔，是细公公的大儿子。他大学毕业后，先在郴州工作过几年，然后就越过南岭，一直在韶关市下辖的仁化县工作生活。早些天，志叔传来喜讯，女儿黄照5月3日结婚。在爸爸的号召下，我们组织了一支十几人的队伍来到仁化，一起见证志叔一家的高光时刻，共同分享他们的喜悦。

据我爸爸说，当年志叔还在求学时，细公公对他要求极高极严，一旦读书不发狠，就会拳脚上身，打骂交加。

那时的高考真的像过独木桥，录取率非常低。而志叔，是我们这个有50多口人的生产队里第一个考上大学的人。细公公的野蛮家教与志叔的勤奋努力，共同成就了这一破天荒的大事。大学毕业后，志叔被分配到郴州的一家水泥厂工作，顺理成章地成了我们生产队里第一个领固定工资的人。然而，好景不长，几年后，水泥厂破产改制，志叔带着新婚不久的妻子另谋生路，他们拖着行李，一路向南，越过南岭的重重山峦，来到了仁化这座小城，并且一直扎根在这里。

那些年，我正挣扎在求学路上，只知道志叔夫妻在广东韶关工作。在我心目中，他就是那种风风光光、底气十足、"衣锦还乡"的高大形象。

直到很多年以后，我才猛然领悟到一个事实：当年初涉人世、生性内向、不善交往的志叔，在举目无亲的异乡，要逐渐站稳自己的脚跟，要组建自己的家庭，要撑起那一方天空，要养育自己的儿女，是多么艰难，多么不容易。

多年后他工作的第二家单位仁化水泥厂也面临破产改制，志叔又成了失业者。他需要从头开始，去适应社会，去寻找工作，去养家糊口。这当中，志叔与志婶，经历过多少无奈，多少孤独，多少无助？

山一程，水一程。在志叔扎根仁化30年后的今天，我陪着包括父母在内的一众亲人，循着志叔的足迹，来到了这座南方小城。我以审视的目光打量着这里的山，这里的水，这里的街，这里的人。那些年，面对那么多的困难，志叔夫妇是怎么挺过来的？

我回过头来，看见志叔正热情地安排我们的中餐，他手里举着一杯桂林的三花酒，眼睛里的激动和兴奋，透过那厚厚的眼镜片，感染着我们在座的每一个人。

（二）

独在异乡为异客，每逢佳节倍思亲。30年来，志叔经历过多少的"佳节"，多少次思念过远在湘中小山村的亲人？带着故乡男人隐忍而好强特质的志叔，肯定不会轻易告诉别人答案。唯有此时此刻，在这个亲人团聚的美好时刻，他把这种日积月累的思念，糅在张口就来的家乡土话里，融在手上的那一杯杯酒里，化在有关老家有关故乡的每一个话题里。

30年来，我们是第一次这样相聚。在长长的岁月里，志叔把自己的孤独和思念埋在心底，把奋斗和坚强放在心里，把责任和担当举在头顶。在长长的岁月里，家乡和亲人亏欠志叔一份嘘寒问暖的关心，一份设身处地的理解，一个贴心温暖的怀抱。

志叔就像是老家的一颗种子，被遗忘在南岭之南的这个地方，独自生根，孤独成长，不声不响地开花、结果。如今，志叔志婶他们一家，早就成了仁化这个小城的一部分。而他们的女儿黄照、儿子黄晗，已经是地地道道的仁化人。他们不会讲家乡话，甚至听不懂家乡话。我的堂妹、堂弟,是否知道在湘中腹地有那么一个小山村,是他们祖父母的埋骨地,是他们父亲的出生地、成长地,是他们命中早已注定的老家?

光阴似箭催人老,日月如移越少年。这些年,志叔回家的次数不多。他的父母离去已久,老宅早已被夷为平地,他自己也周旋于事业、生活、家庭之间,虽然只相隔400多千米的路程,但他回一趟老家,却也是一件不太容易的事情。

我知道,在地理上,是那道高高的南岭山脉隔阻了我们的脚步;在心灵上,是一种难以言说的情愫影响了我们的交流。

志叔把细公公细奶奶的遗像带去了广东,却把对这片土地的深情埋在了心底。

席间,欢声笑语,高潮不断。父亲和他的兄弟们喝,我和我的兄弟们喝。两代人,两个圈子,保持着各自的平衡,维系其间的是一种叫作骨肉亲情的东西。

饭毕,我把25年没见过面、明天就要出嫁的堂妹黄照唤到一旁,和她说说悄悄话。我对她有基本的了解,而我于她,事实上近似于一个陌生人。

她搬了一把凳子,坐在我的身边,认真地听我说话,还不时地笑着,点着头。没有想象中的陌生与隔阂,此时的她,就像一个熟悉已久的小妹妹。我看着她的脸,越看越觉得这张漂亮的脸庞上,烙着老家的印迹。

我说,照照,你要永远感恩你的父母。你父母属于漂在广东、漂在仁化的一代,在举目无亲的这片土地上,他们能够扎下根来,组建家庭,把你和弟弟养大,他们很伟大,他们比寻常人承受了更多,付出了更多。

我说,照照,老家永远是你们的根。在湖南双峰,有一处美丽的小山村,那里山清水秀,那里人杰地灵。虽然你们的老屋已经不存在了,但那一片土地,那一片山水,埋葬着你的爷爷奶奶,养育了你的父亲,那里永远值得你们牵挂、怀念。

我说,照照,老家的亲人们永远是你们坚强的后盾。这次得知你结婚的消息,你大伯父也就是我的爸爸,高兴得几夜睡不好觉。积极发动亲人们、安排车辆组队来广东,来为你送亲,为你的婚礼助兴、喝彩。我们平时虽然联系很少,山山水水能隔阻我们的脚步,但隔阻不了我们的骨肉亲情。我们要让大家明白，你的娘家，不只有你的父母，还有我们这一大家子人……

说着说着，我感觉我的眼眶湿润了，不知是喝高了酒，还是这岭南的风迷了我的眼。

（三）

堂妹的婚礼，简单、气派而周全。

志叔穿着一身西装，志婶穿着一条红色的裙子，他们周身洋溢着幸福和喜悦，完全没有岁月带给他们的沧桑感。吃了半生的苦、受了半生的累，今天他们终于可以长舒一口气，幸福地、骄傲地、安心地享受女儿女婿对他们的孝敬，感受全场亲朋对他们的关注。

出走半生，志叔已不再是少年。然而，这个当年只身闯荡南方的少年，活出了他独有的精彩，现在，已经到了收获的季节。

婚礼再热闹，酒席再丰富，也有散场的时候。宾客们都纷纷离席了，我们还站在偌大的婚礼大厅里，不停地聊天，聊天，聊天，聊婚礼的盛况，聊家里的境况，说过去的故事，说未来的打算……

总之，一切都很好。一切都会更好。

踏上返程，一路向北。汽车又在接连穿越南岭山脉那一个接一个的隧道。南岭虽高，但高速公路直接穿山而过，再高的山也变成了坦途，再远的路也不再遥远。

回到双峰后，微信上收到了堂妹黄照发来的话：

"我爸虽然是个不解风情的直男，但也是个负责任的男人。他撑起我们整个家庭，每次提到回老家，他眼里是有泪花的。

"这次你们的到来，他真的非常开心。以后逢年过节咱们多走动、多联系，虽然多年未见，血缘关系总有神奇的化学作用，一见如故……"

我一字一句地念着照照的这些话，念着念着，我的眼眶又一次湿润起来。

在模糊的视线中，又浮现出我初到仁化时看到的那棵古樟树。那一年，一颗随风飘荡的种子，落在那棵古樟树上，没有成长的土壤，只有无尽的风雨，在贫瘠而恶劣的环境中，它咬紧牙关，硬生生地扎下了根，欣欣然地长出了芽，并且挺直了腰杆，壮硕了身体，开枝散叶，生机勃勃。

七旬老妈爱上抛绣球

小林子

老妈已经70多岁了，可她还像孩子似的，喜欢玩抛绣球的游戏！

抛绣球是壮族的一种民族风俗，主要有两种形式，一种是定式抛绣球，也就是要在一个宽阔的场地上，立起一根七八米高的竹竿，在竹竿的顶端绑上一个水桶大小的铁圈，抛绣球者需要站在竹竿3米之外，手拿绣球顺时针转一圈后往铁圈抛去，如果绣球能顺利从铁圈中穿过算是成功，否则为失败。另一种是流动式抛绣球，这种形式需要两个人默契配合，一人负责抛，另一人则背着背篓负责接，绣球进入背篓算成功，否则为失败。

老妈对这项活动非常感兴趣，她找来一根竹竿和一个铁圈，将其立在院子里，接着又准备了几十个五颜六色的彩带绣球。清晨，天刚蒙蒙亮，老妈就来到院子里抛绣球了。由于老妈没有经过专业训练，抛绣球虽看上去简单，可无论她怎么抛，那绣球要么从铁圈边飞过，要么眼看着就要进

入铁圈了，却在半途突然像泄气似的硬生生地坠落下来，这让老妈感到既焦躁又郁闷，老妈自言自语道："奇怪了，别人抛怎么就那么容易进去呢，为什么我抛就这么艰难？难道是我的力道不足？"

说着，老妈回到界线上，右手拿着绣球的尾绳，左手拿着绣球，慢慢抬起头，目光紧紧地注视着高高的铁圈，然后深吸一口气，身子也慢慢向前微倾弯曲，蓄好力量之后，只见她突然左手一松，右手马上拉紧绣球的尾绳，然后将绣球轻轻转了360度，随之嘴里轻喊一声"中"，只听"嗖"的一声，绣球像彗星划过天空一样脱离了老妈的手飞向高高的铁圈。可是，由于老妈用力过猛，绣球径直从铁圈的上方飞出七八米之外。老妈看到此情形，顿时瘫坐在地，眉头紧皱。

此后，老妈开始刻苦钻研一些有关抛绣球的书籍，又让我找来一些抛绣球的视频教程，通过看书和看视频，老妈逐渐了解了一些抛绣球的技

巧。经过一周时间的自学和练习，老妈觉得可以上场"开战"了，于是她换好装备重新出发。果不其然，这回老妈终于能稳稳当当地将绣球抛进铁圈了，老妈乐坏了，她像孩子似的一个劲地呼喊："进了，我终于成功啦！"随后，老妈又连续抛了好几个，每一个绣球都能稳稳当当地从铁圈中穿过。

自从老妈学会抛绣球后，她便拉上自己的老姐妹们一起玩儿。起初，一些老姐妹觉得抛绣球难度太大，而且自己年事已高，都不愿意玩儿。老妈却对她们做思想工作："抛绣球是一项有氧运动，它需要动用手臂、肩膀、腰等部位的力量，能提高身体的灵活性、协调性，同时也能提高反应能力，锻炼注意力，运动之后自己的心理还能得到充分放松，因此，抛绣球不仅能让人越活越年轻，还能让人越活越美丽呢！"老姐妹们听了，无不惊讶地看着老妈说："难怪你都这把年纪了，却头不白，眼不花，脸色还红润有光泽，像个18岁的大姑娘，原来是这么来的啊！"一瞬间，院子里充满了欢声笑语。就这样，老妈的老姐妹们也都纷纷加入了抛绣球的行列。

在老妈的影响下，我们一家人也都爱上了抛绣球这项有氧运动，我也切身体会到，抛绣球不仅能强身健体，更重要的是还能让人身心愉悦！

我从普通邮票收集中……

尹世昌

1984年，北京市海淀区集邮协会推出的协会年刊中刊发了我的一篇短文《感悟》，文中有4个小标题，其中最后一个标题是"普通邮票"，内容是这样写的："我们的区邮协活动，都有这样一些脚踏实地的会员，他们在活动中是默默无闻的爱好者，他们像绿叶，衬托着花朵。由此，我想起邮票世界中的那些极其普通的邮票，它们在特种（专题）邮票面前不起眼，也派不上用场，但它们是人民最需要的，更是无时不在的真实邮品。花纸头再漂亮，但它从来都不是邮品。"

几十年来，我是从普通邮票开始

集邮的，因此对它情有独钟。尤其是在我用普通邮票制作的《我国各省市自治区地名戳》邮集获三等奖后，我对集邮的热爱便一发而不可收，几十年如一日，我不断地收集和整理了大量的普票，月月有收获，年年去参展，自己制作的包括《到底有多少里》《戳趣》《普通票不普通》等多部集邮册，受到了专家学者的好评，有的集邮册还获得了奖项，虽然再也没有超过"三等奖"，但我也很知足了。集邮让我懂得了贵在坚持，享受这一过程才是重要的。

如今，进入暮年，虽然身体状况不如过去了，但我的身心因有了最喜欢的爱好而得到了充分的滋养，"精气神"更强大了，用北京话讲"咱是找乐来了……"

比如，我在清理旧的邮票，特别是那些存量不少的杂七杂八的普通邮票时，在整理过程中，发现同一志号、同一内容的邮票票面上的色彩大同"微"异，如普21和普22两套邮票，《海南风光》色度差别较大，《黄果树瀑布》色调不同，《万里长城》色泽不一等，很有意思，也很有趣。通过查找相关资料，我知道了普21和普22两套邮票的总题目都是《祖国风光》，但普21是雕刻版印制的，而普22是影写版印制的，所以才有同图不同观感的差别。因为印刷版别的不同，在色彩、色度、色泽上就有了不小的差异。雕刻版是以事先在钢板上雕刻的点和线表现图案的深浅，进而制成印版进行印刷的。而影写版则是用不同的网线组成的色块，表现图案的色彩。普票的颜色多是单色，但由于需求量较大，多次加印或由不同厂家承印，刷色也会有差异。此外，还有纸质不同，油墨质量不一样或调配不均等，都有可能导致不同版次的邮票色彩差异较大。在集邮过程中，如果不是用大量相同的普票凑在一起进行比较，谁会发现这样的细微差别呢？每一枚（套）邮票都要经历选题、设计、制版、印制、发行等多道工序最后才到达使用者手中，所以你手中的每一枚邮票都是十分珍贵的，哪怕仅仅是一枚普票。

集邮的发现让我想起了一句名言："世界上没有两片完全相同的叶子。"我想，这句话也可以用在邮票上，如果可以，请同好们珍爱手中的每一枚邮票，尊重并保护好它们。

写作"苦旅"十五年

郭世武

岁月浅浅，余生漫漫。一个人独坐书房，一杯茶，一支笔，把退休生活中的苦乐悲欢，凝于笔尖，我写着自己的往日故事，也开启了写作的人生"苦旅"。

人生最美是军旅

我大学毕业后，选择成为军人。入伍后，第一课就是下连当兵。我当兵锻炼的那个连队，是一个英雄的连队，连长是一位抗美援朝老兵。他是我从学生转变为军人的导师，连长为我戴上军帽，佩戴上领章，从那一刻起我就肩负起军人的荣誉和责任。连长向我授予五六式半自动步枪，这是军人的"成人礼"。接过钢枪，就接过了保卫祖国的神圣使命。感谢时代，我选择了军旅生活，成为我一辈子的精神财富。60年后，我写了一篇《那年的大年三十》，回忆我重返连队与战友共度佳节时的喜悦和与战友并肩战斗的日日夜夜。

天下之美唯南湖

旅游是我退休后生活的重要内容，退休后，我尽游祖国千山万水，尤其对红色旅游情有独钟。从韶山到延安，从嘉兴到遵义，感受红色情怀，追忆革命精神。中国共产党成立一百年之际，我为寻找中国共产党人留下的历史足迹，千里迢迢，重游嘉兴南湖。面对红船，重温习近平总书记关于"红船精神"的论述，重温入党誓词，感慨万千。

重游嘉兴归来后，我情不自禁地写了《南湖行，红船情》这篇游记，投稿于《同心刊》，编辑加了按语："这篇南湖游记，语言优美，情景并茂，主题明确，催人奋进。"该文在中国共产党成立一百年征文活动中获二等奖。老伴的评语是"情真意切"。

打开网络语言这扇窗

某日，外孙女说："姥爷，您读了许多书，我说几个词，您告诉我什么意思。"

外孙女问:"痛快。"

我答:"开心。"

外孙女说:"错,是爽歪歪。"

外孙女问:"发疯。"

我答:"神经错乱。"

外孙女说:"错,是非理性亢奋。"

外孙女继续说:"您已经患了网络语言缺失综合征,您不是常说要活到老学到老吗?学点网络语言吧!"外孙女一席话,惊醒"梦中人"。

当我重新关注和审视网络语言后,的确有一种难以名状的脱轨感。从网上到网下,从虚拟到现实,我发现网络语言逐渐成为人们一种不可或缺的语言表达方式。网络语言的应用,促进了网络文字的发展,无论从形式上,还是内容上,都是对传统语言的补充和发展。从2010年开始,国家语言资源监测与研究中心每年都公布"十大网络用语"。根据对网络语言的重新审视和心态变化,我还写了一篇《我眼中的网络语言》。

让幽默陪伴军休生活

岁月不饶人,白发催人老。面对这一无法抗拒的自然规律,学会幽默面对,应是一种不错的选择。因为幽默是一种艺术,一种修养,一种积极的生活态度。我有感而发,写了一篇《让幽默点缀老年人生活》,行文流畅,但写到结尾处,几经冥思苦想却无果。半夜醒来,一连串的排比句如行云流水,涌现出来。等不及穿好睡衣,我赶紧伏案写下来:"每一位老年朋友都应该成为善待黄金时光,有丰富情趣的人;一个心胸开阔亦庄亦谐的人;一个用智慧幽默反刍人生的人;一个笑口常开身体健康的人。"写毕,我长吁了一口气。真应了那句写作让你"三更难寐,四季挨累"。

岁月不老人易老。如今我早已是耄耋老人。15年笔耕不辍,15年写作"苦旅",丰富了退休生活。我连续14年被海淀区军休安置事务中心评为"宣传工作先进个人"。2023年,我被中国散文学会发展为会员,回首往事,这就是我写作的收获和快乐。

桥下快乐颂

赵　艳

河滨高架桥下绿树成荫，花草蔚然，空气清新，散步骑车都很惬意。每次散步，我都会特意绕道，来欣赏这片美丽的风景。有好几次，优美的歌声从桥下传来，我仔细一看，原来是一位头发斑白、身材高大的老者，支着三脚架，架上手机，打开小音响，在那里跟着伴奏唱歌，自娱自乐。

我虽五音不全，但还是有欣赏能力的，和一些街边亮嗓的人们相比，他的段位高了不少。老者沉浸在自己的音乐中，引吭高歌，和街边吼得震天响的群体相比，更显温文尔雅，桥下的草木、花香、风动，都是极好的舞台元素，把舞台选在这里，真有眼光。老者嗓音悠扬醇厚，音很准，浅唱低吟，自得其乐。我走出很远了，音韵还徐徐萦绕。

又过了一段时间，我骑行经过桥下，又听到悠扬的歌声，除了上次的老者，这次又新增加了四个人，每个人都有装备，包括弦乐、吉他、手鼓，节奏拿捏得很稳，主唱嗓音本就不差，有了弦乐和鼓点的配合就是锦上添花，一个有水平的小型乐队就成形了。

在这个小型乐队里，主唱和弹奏者都是60开外的老头儿，吉他手弹得起劲，手鼓也打得卖力，每个人都很投入，在释放和表达中，吐纳肺腑。我驻足欣赏了一阵，被他们邀请，也扯开嗓子唱了两曲，虽然自己连简谱也识不得，却一直喜欢音乐。唱歌，弹吉他，打手鼓，这个下午我在小乐队里玩得很开心。

有了弦乐的包装，歌声更耐听，同时，高架桥下有巨大的水泥钢筋隔层，正好形成了宽广的共鸣区间，音乐回环散发，更显悠扬动听。老哥几个在如此得天独厚的露天舞台歌唱，活力满满。他们唱了《绿岛小夜曲》《雁南飞》《天边》《卓玛》，曲曲悠扬，尤其是那首旋律悠扬的《卓玛》，使人跃跃欲跳，现场有个美女观众参与进来，手舞足蹈，演绎了一个活生生的"卓玛"。

这场没有排练的音乐会很精彩，路人纷纷停下欣赏，有人拍视频，顺带把正在录视频的我也录进了他们的手机。真是应了那句"你站在桥上看风景，看风景的人在楼上看你，明月装饰了你的窗子，你装饰了别人的梦"。

露天演唱会记录了一群老人的悠闲下午时光，高架桥下，六弦余晖同乐，弹唱出夕阳红的快乐之歌，这样

的艺术活法祛除了暮气沉沉，这样的欢乐场面太值得点赞。原来生活不只是一地鸡毛，勤恳工作几十年之后，老人们和音乐同行，用艺术滋养心灵，有这样的快活，羡煞旁人。

此时此刻，我也被老人们的快乐感染，从柴米油盐一地鸡毛里暂时脱身，打满鸡血。快乐的确会传染，这是最受欢迎的"传染病"，希望"犯病"的越多越好。

诗苑抒怀

行香子·初夏游颐和园

赵宗元

风暖天晴，堤柳丝萦，喜池塘莲叶初萌。
归来紫燕，曼舞轻盈。
看西山秀，松柏翠，石桥横。
殿堂佛阁，长廊画屏，万寿山岁月峥嵘。
雅园小憩，谐趣生情。
赏一园花，一池水，一山亭。

树村的"顶梁柱"
——记农大路军休所第四党支部书记王玉林

张甫安

北京市海淀区农大路军休所树村安置点坐落在圆明园北边小清河河畔，树村有这么一位被称为村里"顶梁柱"的老支书，他叫王玉林。年近八旬，身子骨硬朗，思维敏捷，精神矍铄，热心公益，办事认真，人人都夸他是"咱们树村的好支书"，是军休所的好帮手，是大伙儿的贴心人。

2015年以来，王玉林就担任农大路军休所树村安置点第四党支部书记。他一直把协助军休所做好军休干部的思想政治引导和服务保障工作放在首位，严格组织生活制度，强化政治意识，锤炼担当能力，结合实际情况制订学习计划，把支部学习、小组学习、个人自学等形式相结合，始终做到政治坚定，理想永存，思想常新。

作为一名党支部书记，王玉林心中有着强烈的责任感。他深知，树村这帮军休干部，都是他以前一起并肩战斗多年的老战友，他们之间既有深厚的战斗友情，也有各自的酸甜苦辣：

家庭矛盾、邻里纠纷、生老病死，家家都有一本难念的经。因此，他非常关心周围的老干部、老战友，带领"一班人"做好他们的思想政治工作，解决他们生活中遇到的各种各样的困难。

在前几年疫情防控期间，他顾不得自己已迟暮之年，几乎天天坚守在一线组织指挥，与志愿者们一道守护好树村营院大门。为解决部分群众吃药难的问题，他和军休所、社区共同努力，协调上地卫生服务中心上门送药。为了取药操作方便快捷，他拿出自己的存款给大家先垫支医药费，大家拿到药后再用微信付款给他，老支书前前后后一共垫支医药费近7万元。有时医务人员无法及时送药上门，他就开车和杜萍同志一起到社区卫生服务中心为大家取药，及时解决了疫情防控期间部分群众吃药难的问题。

做好垃圾分类工作是关系到小区生活环境的大事，虽然制定了很多规章制度，可落实起来并没那么容易。

为了彻底改变小区乱扔垃圾这一不良现象，他与支委们提出了垃圾分类"家庭认领一小时活动"。所谓"认领"，就是让乱扔垃圾的人充当志愿者，值班监管垃圾分类一小时，从实践中学会垃圾应当怎么分，明白为什么要这么做，在志愿活动中受到教育，从而养成自觉进行垃圾分类的习惯。该活动得到了大家的积极响应，短短48天，150人参与值班，在近两个月的认领活动值班期间，他几乎天天值守在一线，不论白天还是晚上，都严格监督管理，发现问题及时纠正，将小区的垃圾分类工作真正落到了实处。由于分拣的纯度高、质量好，小区的垃圾分类工作得到垃圾清运师傅的认可，获得了免检的待遇，树村安置点小区获得了"北京市垃圾分类示范小区"光荣称号。

为了给树村的军休干部创造一个优美的生活环境，王玉林和几个书记多次打报告给原部队请求帮助，经过多年的不懈努力，终于落实了一间较大的活动室，并配备了空调和桌椅。但有些东西如窗帘、门锁、时钟、电话、路由器等物品不能履行报销手续，他就自掏腰包，买好配齐。当他看到大伙儿在活动室玩得很开心的时候，自己的心里也美滋滋的。

由于树村安置点的院内没有儿童活动场所，孩子们经常在路边跑闹玩耍，安全隐患比较大。王玉林就和社区王飞主任一起研究，准备在小区院内建一个小花园，可是因为噪声问题，有一部分住户不同意。为此，他和社区及支部的同事们做了大量耐心细致的思想疏通工作，并建议修建隔音玻璃墙以减少噪声的影响。在大家统一意见的基础上，最终街道办事处投资20多万元建成了小花园，美其名曰"怡乐园"。

每逢老同志生病出院，树村安置点党支部都会以各种方式表示慰问或者进行探望，对行动不便的高龄老人，党支部建立了二帮一爱心帮扶对子。王玉林和支委隋永爱共管两家，帮扶的对象中有一位是84岁的老戴，患有阿尔茨海默病，生活不能自理，老戴儿子得了尿毒症，需要定期透析，两人全靠老戴儿媳妇照顾，老戴有时神志不清，经常糊里糊涂给王玉林打来不明不白的电话，但他从不在意，还时常上门看望并安慰老戴，帮老戴的家人分忧解难，直到老人安静清醒为止。老戴去世后，王玉林和支委们一起上门安抚家属，并帮助料理后事。

王玉林的另外一个帮扶对象是86岁的行动不便的老刘，他常去看望老刘，把军休所发放的书籍、物品送到老刘家中，与帮扶对象建立了深厚的感情。

孩子们上学的问题是军休干部最为关心的事。为解决孩子们的上学问题，王玉林与几位老同志一道，多次咨询原部队机关，向上地学区管理中心等有关单位反映情况，请求帮助，经过不懈努力，树村安置点终于解决了村内孩子们的上学问题。树村孩子的家长们个个都对王玉林竖起大拇指。

树村小区建成已有15年，历经风吹雨打、日晒雨淋，小区内的监控、电梯、太阳能管道、单元门禁系统经常出现故障，房屋外墙破损，因为经费短缺，也没法修理。为此，王玉林带着几个同事找到有关部门，经过多方协调和努力，一是将小区90个电梯门套全部换成不锈钢，十分美观并耐用；二是主动与物业公司联系，全院集体修缮老化的太阳能管道，大家又用上了太阳能热水；三是王玉林自己动手解决单元门禁系统损坏问题，他和同事老魏一起深入现场研究，发现小区4个门禁失灵是因为电源坏了，于是他自费200多元，网购了4个电源及少量的配件，很快就解决了单元门禁系统多年损坏的问题，为大家省下了两三万元经费。

缺乏经费一直是小区配套建设中的一个老大难问题。正当村委会一筹莫展的时候，突然传来了一个好消息：小区还有一笔大家多年前上交的车位租赁等费用被冻结着。于是，王玉林带领村委会成员多次写报告给有关部门申请解冻归还，终于168万元车位租赁费被转还到小区账户，村委会用这笔经费解决了监控设备维护、电梯大修、房屋外墙修补等多年的老大难问题，为人民群众美好家园的建设作出了积极贡献。

人们常说：做人要"活到老，学到老，干到老"，"一个人做一件好事并不难，难的是做一辈子好事"。老支书王玉林就是这样的人，是一个把好事一直做到老的人。

有道是"人生七十古来稀"。如今王玉林已进入耄耋之年，但他"老骥伏枥，志在千里"，依然春风满面，重任在肩，继续为党工作，继续为群众办实事。我为这位"咱们树村的好支书"、军休所的好帮手、大伙儿的贴心人点个赞，祝愿他为建设和谐幸福的军休家园继续努力奋斗，像一棵巍巍松树，冬夏常青！

退而不休

江志强

师傅退休已整整20年。几天前，老人家过80大寿，我和一帮师兄师弟前去祝贺，但见师傅精神矍铄，身板硬朗，谈笑风生，毫无颓相。与同龄人相比，师傅显然更为年轻，更见活力。我们大赞："80岁的年龄，50岁的颜值。"师傅微微一笑，道出了"四字箴言"——退而不休。对于这"四字箴言"，我们深有感触。

师傅退休后，不像其他退休职工那样与单位从此"绝缘"，而是时常回到单位与我们探讨技术难题。在他的帮助下，我们工作中的很多棘手问题迎刃而解。因为和师傅感情好，聊得来，我们这些年轻人每逢组织户外活动总会把师傅叫上，逢年过节聚会联欢也少不了师傅。师傅高兴得像个孩子："你们能带着我这个老头子玩儿，我很高兴，比啥都强！"

这些年，随着年龄的增长，师傅来单位的次数不像以前那样频繁。然而，我们这些师兄弟们并没把师傅抛至圈子之外，有事没事就去探望他，

遇到解决不了的事也会到师傅那儿取经，师傅也乐意帮助我们。

有一天，我们相约来到师傅家，刚一进门，就惊呆了，只见师傅被一堆古旧的书围了起来，但他并未读书，而是在整理书。师傅很专业地告诉我们，这是"修书"。

原来，师傅不久前到欧洲旅游，发现意大利有一个很热门的职业——修书。从事这一行业的人被称作"修书匠"。他们专门对那些具有传承价值的旧书、旧读书笔记以及纸质学习资料进行装帧、修补、加固，使其恢复如初，备受追捧。热爱读书的师傅，一下子被修书这门职业吸引了。耄耋之年的他，毫不犹豫地学起了这门新技术。不到两个月，师傅备齐糨糊、小刀、细铁丝、小铁钳、锥子、针线、打孔机等物品，技术娴熟，开门营业。一时间客户络绎不绝，很多人把家传的旧书交给师傅"修理"。

不久前，师傅修了一本民国初

年的私塾教材。那本教材已有100年的历史，纸张既脆又薄，原有的装帧已快散架，客户不敢翻阅，只得束之高阁。师傅接手这项任务后，花了半个月的时间，将那本教材"修理"完毕。客户对师傅的技艺万般钦佩，并拿出不菲的酬金。谁知，师傅分文不取，他说："修了这本书，是我的荣幸，我亲手触摸了那段历史啊！"

看着师傅认真修书的神情，我和师兄师弟感慨万千。他只是一个平凡的退休老人，之所以把退休后的日子过得有滋有味、丰富多彩，就在于拥有一份"退而不休"的人生境界。他始终在追求一种高雅的生活层次，而对利益得失毫不计较，从而拥有了年轻的容颜，就像那重阳时节的菊花，璀璨绚烂、尽情开放。

书画园地

杨德明 / 书画作品

老骥伏枥　再创辉煌

刘世通

2000年1月，我从机关退休，尚未办理工作交接手续，就受命筹建机关老年大学①。筹办老年大学在当时还是新鲜事物，没有现成的经验可借鉴，我自己又没做过教学管理工作，工作推动起来有些为难。但军人以服从命令为天职，既然领导信任，我就接受了这项工作。

万事开头难。筹建之初，没有办公室，没有教室，工作人员就我和一名助手，经费以自筹为主，可谓是地地道道的"三无开班"，但困难再多也要先干起来再说。没办公室，就缓交我在职时的办公室；没教室，就借用原单位的电教馆。开课前，我和助手把黑板抬到电教馆，课后再抬回来；经费不足，我就带着助手向相关单位"化缘"，请求帮助。对筹借来的经费，我们精打细算，尽量节约，尤其是在购买教学设备和办公用品时，更是用脑用心，周密计划。在购买教具时，我精挑细选，执着砍价，商家不耐烦地说："你这个同志呀，都退休了，也升不了官了，还为公家事那么抠门干什么？"我说："公家的钱也是钱，不能乱花，我们的钱来得也不容易，要花得物有所值。"

老年大学的特点说到底是一个"老"字，学员既不同于为了考高分、上更好学校的中小学生，也不同于为了拿文凭、找个满意工作的普通高校学生。老年大学的学员学习的目的主要是满足自己的兴趣爱好、陶冶情操、丰富生活、促进健康、提高生活质量。

开设什么课、如何招生，是办好老年大学的首要问题，由于我们的学员基本上是从军队离退休的中高级干部及其家属。在办学之初，我们遵循"开放和自愿"的办学原则，做到三个"开放"，即"在招生对象上开放"，对在机关大院居住的老同志免

①文中所提到的老年大学是指北京市卫戍区驻京局第二综合服务保障中心老干部大学第二分校。

费免试入学；"在课程设置上开放"，充分听取和尊重老同志的意见；"在办学形式上开放"，适时安排学员走出教室到野外写生、采风，提高其学习兴趣。

20多年来，随着经济社会的发展，老年大学的发展也日新月异。学员数量从开始的三四十名，发展到现在的400多名，从最初只开设书法、绘画两门课，逐渐增设了诗词、音乐、摄影、电脑基础、数码照片的后期制作、智能手机的应用等课程。北京奥运会前夕，老年大学还开设了日常英语口语课，以方便学员与各国人民的友好交流。同时，老年大学的教学硬件设施也"鸟枪换炮"，如今的校园有宽敞明亮的多媒体教室、计算机室、办公室、资料室等。

老年大学的课程设置是动态的、与时俱进的，并根据学员意见适时进行调整。2010年前后，社会上掀起学电脑的热潮，我们在有关单位的支持下，筹措16台电脑，用3年时间开办了19期"电脑基础培训班"。95岁高龄的军委装甲兵原副政委于丁携夫人一起来参加学习，且学得认真，记得仔细。《解放军报》还以"95岁当学生"为题进行了报道。最近几年，智能手机逐渐普及，但不少老同志只会用其拨打电话，其他功能不会使用。为了满足大家的需要，老年大学开办了"微信与智能手机的应用"课程，大家踊跃参加，有的拄着拐杖，有的坐着轮椅，有的由家人陪同，争先恐后地奔向教室。有老同志说："老年大学成了大院的一道亮丽风景线。"100多人的教室坐得满满当当，学校以《微信60问》为教材，上课的学员人手一份，教员用手机连接电脑和投影仪，并通过投影仪一步一步演示，手把手地教大家学习智能手机的使用，大家感到这样的教学生动、直观，看得见，摸得着，学得会，收获满满。通过课程，不少老同志学会了微信建群、传送图片、发送文件、手机购物、滴滴打车、手机付费、手机摄影等技能，有的老同志还学会了制作艺术感强的"美篇"视频，极大地丰富了晚年生活。有的老同志写诗赞扬老年大学：

白发苍苍进学堂，
兴趣不输少年郎。
紧跟时代享安乐，
夕阳放歌多豪壮。

除了日常教学，我们还组织和鼓励学员参加社会上的一些展览和征文比赛、知识竞赛等。老年大学的学员先后参加了《中国老年报》主办的"首届全国中老年散文、诗歌创作大赛""第十八届中华不老城书画大赛",《中国老年报》组织的"筑梦新时代,奋进新征程,喜迎二十大知识竞赛"等一系列活动,老年大学多次荣获"优秀组织奖"。

教员是教学的核心,我们的教员队伍,采用的是外聘和内请相结合的办法。总部机关退休的干部中,可谓是藏龙卧虎、人才济济。我就邀请在某方面有造诣的同志当教员,对某些专业性强的课程,就外聘教员。如此,既方便灵活又能增强授课效果。班组长是学校联系学员的桥梁,老年大学选用责任心强、有能力的同志当班组长,我们在教学上注重听取和尊重班组长的意见,在生活上给予关心和帮助。每当他们生病住院,学校都要前去慰问和看望。年终总结时,学校会给予适当的物质鼓励,并对他们的辛勤付出进行宣传和表彰。20多年来,我们整理了6位教员、10多位班组长的先进事迹,并在军内外报刊发表。上述工作的推进极大地调动了教员和骨干员工的工作热情,一位外聘教员曾动情地说:"我教给你们的

是书法艺术,你们教给我的是如何做人,在这里即使是义务授课,我也心甘情愿。"

在管理上,我秉承管理就是服务的理念,尊重和关心每一位学员。提要求而不强求,提希望而不施压,让学员在没有压力、轻松愉快的氛围中学习自己想学的知识,把上老年大学作为生活的一部分,作为一种乐趣,一种享受。同时,我也常对工作人员讲:"对待学员要像对待自己家老人一样,他们来办事,要让他们高兴而来,满意而归,充分感受到老年大学这个大家庭的温暖。"热情周到的服务增加了老年大学的吸引力和凝聚力。有一位单身学员,其在美国的女儿多次请她到美国居住,被她拒绝了。她曾深情地对我说:"到美国人生地不熟,语言又不通,女儿一家子上班,我自己待在家里,无所事事,憋闷得很。在国内,到老年大学听听课,既能学到自己喜欢的东西,又能和老姐妹、老朋友、老同志见见面、聊聊天,多开心呀,比在美国强多了。"有的学员因故不能上课,还会打电话或亲自到办公室请假。事实证明,越是关心学员,学员就会越自觉、自律、自愿。

在工作上，我严格要求自己，以身作则。学校办公室有两位年轻女同志，她们上有老、下有小，家务繁重，我体谅她们的困难，每次上课，我都提前到教室，准备好教具，烧好开水，迎接师生，尽量分担她们的工作。随着年龄的增长，我患上了高血压、糖尿病、肾功能不全等慢性病，老伴身体也不好，儿子又不在身边，我克服自身和家庭困难，每天坚持工作，大家说我比在职干部还尽责。有一年夏天，突降暴雨，用来上课的教室因地势低洼而大量进水，我一边稳定大家的情绪，一边卷起裤腿，带领年轻点儿的学员用脸盆向外淘水，忽然脚下一滑跌倒在地，全身湿透，大家把我扶起，幸无大碍。同志们说："这是不幸中的万幸，您这么大年纪摔骨折就麻烦了，以后这样的力气活就不要干了。"

工作中，我注重积累素材，总结经验，我总结的《坚持开放和自愿的办学原则》《注意发挥班组长的作用》《适时调整教学计划》《分类指导因材施教》《选聘好老师，推进老年大学上水平》《让老年学员在快乐中学习》等十几篇经验文章，在《中国老年报》《老战士之友》《同心刊》《老兵风采》《军休之友》等军内外报刊上刊登。中央人民广播电台《老年之声》栏目对我进行了专访，并由播音员播放了我总结的部分教学经验的片段，以及老年大学副校长马小军、教员俞概、学员李秀英对我评价的录音片段，这对我来说是极大的鼓舞和鞭策。

20多年来，老年大学多次被评为"先进学校"，我被评为"先进教育工作者""服务之星""优秀共产党员"，连续10年被海淀区军休安置事务中心评为"宣传工作先进个人"。如今，我已进入耄耋之年，因年龄和身体原因请辞了校领导职务，但继续在学校做一些事务性工作。回顾退休后的办校经历，感慨良多，遂作小诗一首：

二秩有三办校情，
甘播雨露润苍松。
老树新枝结甘果，
喜看群星耀碧空。

满园桂花分外香

欧阳军

我对花儿较为敏感，小的时候，我会因摘不到想要的花儿而痛哭流涕，甚至赖着不走，惹得父母生气。长大之后，我笔下也写过一些美丽的花儿，比如牵牛花、桃花、菊花、梨花，甚至野生的草莓花。然而，我却从未想过写桂花，对桂花，我就像是一个错过情缘的少年，一直不识其芳颜，亦不闻其芳香。

可是，自从两年前秋季的一天，我偶然与桂花相遇，一下子就永远记住了它，喜爱上了它。

记得那是一个美丽的秋日，记忆中那天天空很蓝，白云悠悠，轻风拂面，我在龙泉汽车城一栋大楼楼道中穿行，呼吸着空气中若有若无的芬芳。这栋楼的四周，全种满了四季桂，但这种桂花的香气微弱、清淡，你闻了它，会心情欢愉，但你并不会感动，也不会牵挂。所以，我几乎每天都在这里行走，却从没有为它驻足停留。

我行走在周围满是四季桂的走廊，漠然得就好像没有礼貌的自私鬼，直到一股浓得会让人灵魂出窍的香味飘进了我的鼻子，是那么地香，香得我想要跳跃起来，香得我忍不住要咧开嘴微笑。我讶异于人间竟有如此的芳香！这时，恰巧到了目的地，那间办公室更是满室添香！假如香气像光线一样可见，我便会觉得满室透明澄亮。

我问朋友："这是什么香，是桂花吗，为什么这样香？"朋友说："是的，你闻到的是门外的两棵桂花，它们是八月桂，每年开花时间很短，但非常香。""原来是这样啊，太香了，我太喜欢了！我以为桂花的香味就是淡淡的，而从来没想到竟有浓烈到这种程度的香味！我真喜欢这八月桂啊！"

循着香踪觅到了这两棵美丽的桂花树，看到了它们美丽的枝干，翠绿的叶子，淡黄如米粒的花儿，我不由得惊叹造物主的神奇。我不记得那天逗留在花下有多久，只记得那令人陶醉的芬芳，把人熏得灵魂也有了香味。

八月桂花期很短，几天而已。然而，它们浓烈的香味却可以让人记得一辈子。从那时到现在，我没有再闻到如此令人难以忘怀的香味，之后因为杂事繁多，竟不知不觉中错过了它开花的季节。虽然四季桂的花期长，一年四季都有，但它香味淡，只有在天气晴好的日子，才可闻得到略微浓一点的芬芳。因此，我心里只记挂着八月桂，那香气，如此纯洁，如此喜悦，如此温馨，如此浓郁；如美酒，如彩色，如光亮，如天籁，如友谊，如爱情……令人沉醉，如痴若癫。

遇见了八月桂，我才真正认识了桂花，一位如此芳香的朋友！

爱上了八月桂，于是我对四季桂也有了喜爱之意，因为它也是桂花，爱屋及乌的结果。是的，我确实是因为八月桂才认识了桂花，才喜欢上了桂花。有的时候，我亦不能免俗，想着若把桂花比作女子，那么四季桂应是淑女，如宝钗如袭人，淡雅娴静；而八月桂应是多情人，如黛玉如晴雯，热烈多情。假若将桂花比作感情，四季桂安全可靠如亲情、友情，

八月桂则短暂火热如爱情、激情。诚然，四季桂不够香，但胜在花期长，常年可以闻到花香。而八月桂呢，一年仅仅几天的花期，但是，它倾尽全力，把一年积蓄的所有香气在短短的数天尽力释放，从而使其香味达到了一种至高的境界。

我喜欢四季桂的清远淡雅，但更喜欢八月桂这种倾情绽放之美，或者说更为偏爱。但并不是所有的人对此都欣赏，清代著名文人李渔就有不同的观点：

"秋花之香者，莫能如桂。树乃月中之树，香亦天上之香也。但其缺陷处，则在满树齐开，不留余地。"我承认，他说得不无道理。然而，我仍然觉得八月桂"满树齐开，不留余地"不能算是缺陷。而四季桂香气之淡也让我明白了一个道理，花之香味的总量是有限的，如果每季都开，必然香味淡远；而只有将香味集中，才能获得"天香"的美誉。

如果没有那常年的寂寞和等待，哪来的数日倾尽全力的芬芳？而这样浓郁的芬芳是值得用整整一年甚至一生去等待的啊，如此，又何必叹惜呢？所谓缺陷，如果它是为了辉煌而作出的必要的牺牲，又怎么能算是缺

陷呢？其实做人也是如此，有了这一好，就没有那一好，所以只能无奈地作出一个又一个选择，为了得到自己最喜爱的，便不得不舍弃那些同样美好但相对不重要的，使之成为一个又一个的"缺陷"。然而，我要说，如果这算是"缺陷"，那也是美丽的"缺陷"，正因为这些"缺陷"，才使生命如此美好！

所以，无论是四季桂还是八月桂，都是一种美丽的表达，都是一种美丽的选择，都一样令人感动、低回、怀想。就像那桂花的清香，无论是淡远的，还是浓郁的，只要是快乐的，无怨无悔的，就是一种完美的展现。

走失的虎妞

乔凯凯

虎妞一共走失过三次。

第一次是虎妞一岁多的时候。那时我的父亲刚刚去世，我打算把父亲留下的羊群处理掉。羊贩子站在羊圈前与我讨价还价时，虎妞蹲在旁边，一会儿看看我，一会儿看看羊贩子，一会儿又围着羊圈转来转去，四处梭巡，像一名忠诚的卫士。

这句话是父亲说的。虎妞是一只牧羊犬，狗如其名，它是放羊的好手。当然，父亲之前把虎妞送去一个专门的地方训练过，别的牧羊犬至少需要训练两三个月，虎妞只训练了一个月，就成了父亲的得力助手。

大大小小的羊加在一起有100多只，在山里四散开来，很难掌控。当地骂某人喜欢作对、抬杠，习惯用一句俗语"羊性"，说的就是羊的这种特性，主人让它往东它偏往西，让它吃草它偏去喝水。有虎妞在，就不一样了。虎妞威风凛凛地站在羊群前面，羊群就乖乖地该吃草吃草，该喝水喝水，始终聚在一起，不乱跑，不捣蛋，埋着头进食。待夕阳西下，父亲说一声："虎妞，回家。"正蹲着的虎妞便"嗖"地起身，得了令一般，跑到羊群后面，羊群便自觉地开始往家的方向走。

最终，羊群留了下来，只卖掉了几只成羊。那几只成羊，父亲在发病之前就打算卖掉，羊贩子知道我急欲出手，故意把羊的价格压得很低。母亲睹物思人，也舍不得把羊全部卖掉，她想要接管那群羊。"有虎妞在，放羊不是难事。我好歹也有点事情做。"母亲的话是对我说的，眼睛却盯着那群羊，不曾离开。

羊贩子载着几只羊开车离开后，虎妞突然跟着跑了出去。我和母亲在后面呼唤，虎妞却充耳不闻，撒开腿追着羊贩子的汽车奔跑。等我骑车追出去时，虎妞已经不见踪影。

几个小时后，我接到了羊贩子的电话，他说原以为虎妞跑一会儿就会回去，后来他也确实看不到虎妞了。没想到，他停在路边一个小饭馆准备吃饭时，忽然看见虎妞出现在他的车前。羊贩子无奈地笑着对虎妞说："这羊是我买的，我给钱了，不信你回去问问。"羊贩子不知道虎妞能不能听懂，但当他吃完饭出来时，虎妞已经不见了。

第二天凌晨，虎妞出现在了家门口。我当时已经失望，觉得虎妞可能回不来了，因为羊贩子说的地方距离我家有上百千米。这么远的路程虎妞不仅能找到路，而且一口气跑了回来，实在让人惊喜。

休息的时候，我也会去山上放羊，有虎妞在，放羊变得简单，甚至成了一种享受。把羊群赶进一个山坳里，虎妞把着出口，我便可以放心地躺在草地上晒太阳，不知不觉还能眯上一会儿。

一次我正在草地上打盹，突然听到羊群一阵躁动，接着发出几声惨烈的羊叫声。待我起身查看时，发现一只羊倒在地上，腿上有一个很大的伤口，血迹斑斑。而始作俑者虎妞就蔫头耷脑地站在一旁，不敢与我的目光对视。

咬死一只羊损失两千元钱不说，母亲知道后，一定会心疼，还会责怪我不上心。我又气又恼，只是打个盹的工夫，不承想虎妞竟闯了这么一个大祸。我拿起手边的棍子，就朝虎妞身上打去，虎妞逃窜着躲避，被打得呜呜乱叫。我一边打一边骂："谁让你闯祸，回家还要打你，打死你。"

我出了气，赶着羊群回家。回到羊圈，却没发现虎妞。以前虎妞也有出去放风的时候，但每次我回到家时，它已经在家里等候了。一直到晚上10点多，虎妞还没有回来。它不会是赌气离家出走了吧？我突然慌了起来。母亲听了我的讲述，摇着头说我不该打虎妞。有些羊不听话，虎妞会亲自把它们拖回队伍，但有时候下嘴没有轻重，再加上羊拼命挣扎，就会造成误伤。

我和母亲拿上手电出去找虎妞，呼喊它的名字，找了两圈都不见虎妞的身影。于是，母亲一遍遍喊："虎妞，你在哪儿？快回来吧，不打你了。"突然，一个身影从草丛里钻出来，蹿到了母亲身旁，是虎妞。它把头抵在母亲腿上，摇着尾巴，像一个做错事的孩子，却又充满了委屈。

虎妞第三次走失的时候，我在上班，刚下班便接到母亲打来的电话。在电话里，母亲着急地说："虎妞不见了。"那天，母亲想要去姨妈家一趟，因此回家较早，虎妞跟在羊群后面，左突右奔，显得很兴奋。母亲随口说了一句："别淘气，小心回家打你。"没想到走到路口时，虎妞停住脚步，不再往前走了。母亲先把羊群赶回家，然后再出来叫虎妞，却找不到虎妞。

我们在山里、在树林、在草丛到处寻找虎妞，呼唤它的名字，告诉它不会打它。然而，整整一个晚上，我们都没有听到虎妞的回应。第二天、第三天、第四天过去，虎妞都没有回来。

母亲向周围的邻居打听，有人说那天母亲赶着羊群回去时，一辆面包车在虎妞身边转了几圈——"虎妞很可能被偷走了"。我和母亲都不愿意相信这个猜测，虎妞每天都会按时回家，那天只是一个意外，怎么会碰巧遇到坏人呢？接下来的几天，我们每天都会去找虎妞，一遍遍呼唤它的名字，却始终没有看到虎妞的身影。

直到现在，我仍然没有放弃寻找虎妞。我记得父亲说过，狗是最聪明的，它的记忆力很强，一辈子发生的事情都记得呢。它也很重感情，认定哪个主人，就会跟随一辈子。我相信，只要虎妞还在，不管多远，它都能找到回家的路。我期待着有一天，当我呼唤虎妞的名字时，它会像以前一样，从草丛里跳出来，给我们一个惊喜。

猫狗趣事

闫根旺

小猫咪"骂人"

女儿给6岁的小外孙女买了只小猫，小外孙女非常高兴，不离左右。一天，小外孙女问道："姥爷，你听！小猫咪嗓子里老咕噜咕噜的，不知在说什么呢！"我说："猫咪在骂人。"外孙女不解地问："骂谁呀？"我说："骂老包！传说宋朝年间，老鼠成精，皇帝命包公治理鼠患，包公上天从玉帝那里借来御猫治理人间鼠害，鼠害治理完后，包公为了人间不再有鼠害就没有把猫送还天庭。猫儿从此留在了人间，但心中有怨，总骂包公说话不算数。"外孙女仔细听完后说："小猫咪没回家多可怜呀，我长大后一定要做一个说话算数的人……"

小狗"吓人"

退休后，老张向往田园生活，在山区租了一处小院，养养花、种种菜，终日与狗为伴，倒也不亦乐乎。

国庆假期，老李要来访，老张期盼之情溢于言表，不时走出门来张望。刚回到屋里，忽见狗儿大黑箭一般地冲出门去，随即传来犬吠和惊呼之声。老张三步并作两步跑出门来，一看，大惊失色！只见大黑围着老李不停地叫着，老张还没来得及呵斥大黑，大黑已一口咬住了老李的右小腿。坏了！肯定得咬伤老李了！老张跑到狗前，狠命将狗打走，慌慌张张地问老李被咬得怎么样。此时的老李已吓得脸色发白，慢慢地撸起裤管，哆哆嗦嗦地说着："多亏了我是假腿！"老张此时方想起老李退休前在铁路系统工作，因工伤失去了右小腿。"嘻，我的老李呀，你吓死我了！"

老李在老张家一待就是三天，临走时看着摇头摆尾送出门来的大黑，心有余悸地对老张说："一定要拴好大黑！否则会出事的，切莫让大黑再吓到人。"

鳄鱼王国的公民们

欧阳军

鳄鱼是一种极古老的爬行动物，至今已有2亿多年的历史，当地球还处于恐龙称霸的时代，鳄鱼就已经遍布全球的各个角落了。时至今日，庞大的恐龙家族灭绝已经有6000多万年，鳄鱼却依然还生活在地球上的许多地区，其形态、生存方式并没有太大的变化，这些古老的生命是人类不可缺少的朋友。接下来，让我们走近鳄鱼王国，了解它们的生活情况，或许还能从中得到一些有关人类生存的"真谛"！

印度食鱼鳄

此类鳄鱼多数有细长平直的薄吻，成年雄鳄在吻端有一个明显的球状隆起，其吻的形状与年龄的大小有显著关系，孵化期及大型印度食鱼鳄的吻比幼年及年轻的鳄鱼的吻均宽大许多。印度食鱼鳄全身颜色较浅，为橄榄绿色或黄褐色，身体及尾部有黑色的大斑点及斜带，其颈和背部的鳞甲相连，足背有宽大的蹼，而腿却十分软弱。

这类鳄鱼体形较大，身长可达6.5米，生活地区仅限于河流中，其分布地区主要为孟加拉国、印度、尼泊尔、巴基斯坦等国家和地区，现已濒临灭绝。印度食鱼鳄沿河岸沙地打洞为巢，一次产卵20～40枚。鱼是印度食鱼鳄的主要食物，幼年食鱼鳄以昆虫、蝌蚪、小鱼和青蛙为食。成年食鱼鳄几乎只吃鱼，偶尔也摄食一些小型甲壳类动物，它们不会咀嚼，只能将食物整个儿吞下。在食鱼鳄胃中曾发现过印度软壳龟的遗骸，这对它们来说就是很大的猎物了。虽然食鱼鳄也习得了鳄鱼的绝技——"死亡翻滚"，但它们的下颌骨非常纤弱，如果对大型兽类使用这一招，断的将不是兽腿，而是食鱼鳄的嘴。尽管印度食鱼鳄体形巨大，却从未有攻击人类的记录。

湾鳄

湾鳄相对其他鳄类来说头部很大，吻较窄长，是鳄目中唯一背颈没有大鳞片的鳄鱼，湾鳄的鳞片与大多数鳄类不太一样，呈椭圆形，身上的颜色是可变的。这种鳄鱼幼鳄通常有鲜艳的一条条长斑，成年湾鳄的长斑变为灰色或金黄色或黄褐色。有些成年湾鳄身上漂亮的黑斑会消失，另一些却保持了美丽的颜色，尤其是腹部的金黄色异常地迷人。湾鳄身长7～8米，个别湾鳄重达1000千克，湾鳄可算得上是现存最大也最恐怖的爬行动物。

湾鳄是一种食人的动物，几乎所有记载的鳄鱼伤人事件都是湾鳄造成的。湾鳄也被叫作咸水鳄，它是分布较广的一种鳄类，主要分布于亚洲太平洋等热带地区，但近期研究者们却在印度洋的印度海岸、斯里兰卡，东南亚的印度尼西亚、菲律宾，澳大利亚北部、新西兰、太平洋中的斐济岛等地都发现了湾鳄的行踪。湾鳄在繁殖期可产60～80枚蛋，用土堆筑巢，雌鳄在雨季就开始筑巢；幼鳄一般吃昆虫、两栖类、甲壳类、细小的爬行类及鱼类等，成年湾鳄会捕食体形更大的动物，部分体形更大的成年湾鳄甚至会捕食水牛、野猪及猴子。

暹罗鳄

暹罗鳄的幼鳄在颜色上与湾鳄十分相似，呈金黄色或黄褐色，有黑斑，同时大小也很接近，这就使得两种鳄鱼很容易发生混淆。尽管如此，暹罗鳄与湾鳄仍有区别之处，暹罗鳄的吻比湾鳄宽大，同时其横向的颈环比其他种类的鳄鱼都多。暹罗鳄体长不超过4米，分布在东南亚部分地区，主要生活于淡水湖泊、河流及沼泽地中，野生种现已濒临绝迹。暹罗鳄的巢穴形式为泥堆，每次产出25～50枚蛋。人们对于暹罗鳄的食物了解尚少，据说以鱼类为主，但其宽大的吻却可以吞食蛇、青蛙、虫子及一些小型的动物。

非洲长吻鳄

非洲长吻鳄背颈有着大块的鳞片，鳞片一般呈现4排2片，其下颚有一连串大黑斑，因为它们狭长的口鼻部，所以得了这么一个名字。体长一般为3～4米。

非洲长吻鳄大致分布于西非和中非，每年3—7月的雨季，非洲长吻鳄将巢穴筑造于森林的小溪边，产下12～30枚蛋。由于产卵时间先后不一，所以有些非洲长吻鳄造穴时，很可能其同类早已建好巢穴开始孵化了。非洲长吻鳄的食物主要有蟹、虾、蛇、蛙等。

尼罗鳄

尼罗鳄是非洲最大的鳄鱼，通常体长4～5米，有记录的最长可达7.3米。尼罗鳄幼体呈深黄褐色，身体和尾部有明显的横带纹，成年后整个身体为橄榄色或咖啡色，横带纹颜色变淡。尼罗鳄吻部较阔，略呈长三角形，躯干背部有6～8纵列鳞甲。

尼罗鳄在湖泊、河流、淡水沼泽、盐水区域都可以生存。野外主要分布在非洲尼罗河流域，以及安哥拉、贝宁、博茨瓦纳等非洲东南部国家，另外在马达加斯加岛也有分布。

尼罗鳄有很强的环境适应能力，它们通常用吻部和脚来挖洞穴，修改栖息习惯来适应不利的生存条件。雌性尼罗鳄会于河岸挖洞造巢，平均每次产卵50～80枚，数量较多。幼鳄的食物包括昆虫、蜘蛛、蛙、蛇和蜥蜴等。成年尼罗鳄以凶猛著称，可以捕食大型哺乳动物，还会捕食鱼、鸟和小型鳄鱼等，也会袭击人类。

澳洲淡水鳄

澳洲淡水鳄是一种体形相对较小的鳄鱼，体长一般为2米左右，雌鳄体形比雄鳄小。澳洲淡水鳄吻狭长，通体呈浅棕色，浑身长满鳞甲，鳞片很大，背甲有6片宽鳞，尾部鳞甲极其锋利。

澳洲淡水鳄主要生活在河流和湖泊等淡水水域中，炎热干燥的气候使其活动受到限制，只能泡在水塘中，减少活动，减少捕食的次数，使体能消耗降到最低。在雨水丰沛的季节它们才会频繁捕食，它们的食物主要是鱼类、蟹、虾，但也会捕食两栖动物乃至飞鸟。

雌性澳洲淡水鳄会在沙质河岸上利用相同的地点挖洞反复产卵，但是只有约30%的卵能成功孵化。幼鳄必须在家庭的关照下生活2年后才能独立生活。

扬子鳄

扬子鳄属于短吻鳄科，下巴呈圆形，长度较短，体形较小，趾爪不长也不锋利。成年的扬子鳄体长一般只有1.5～2米，体重只有40千克，性格温顺不怕人。扬子鳄不仅是游泳和捕鱼能手，还是个建筑高手，其扁平的头部、长长的尾巴和前爪，都能让它们成为一个天赋异禀的挖洞小能手。它们的巢穴往往在隐蔽阴凉的河岸边，里面的通道四通八达，我们都说"狡兔三窟"，扬子鳄的巢穴可不止三个洞口，它们会在岸上、水底、沼泽底部都设置不同的洞口，并随着水位不同改变洞口位置。

因为体形较小，扬子鳄一般在野外不会袭击人类，但是人类也不要轻易去挑衅它们，虽然它们不会"死亡翻滚"，但扬子鳄锋利的牙齿也不是吃素的。作为鳄鱼家族的一员，扬子鳄的咬合力很强，通常成年扬子鳄的咬合力能达到800千克，能轻松咬开坚硬的龟壳，粉碎猎物的头骨。扬子鳄在湿地生态链中处于食物链顶端，主要以鱼虾、软体动物、昆虫为食，因此保护扬子鳄在野外的生存环境，有利于湿地生态恢复，维持食物链的相对平衡。

书 画 园 地

张璟然/书画作品

我与爷爷放风筝

甘　婷

春天来临，万物复苏，绿意盎然。在这充满生机、阳光明媚的春天里，我不禁想起了儿时与爷爷放风筝的场景。

记得儿时，每年春季到来时，爷爷都会带着我来到宽阔的田野里放风筝。我会拿出爷爷为我精心制作的五彩斑斓的大鹏风筝，这只风筝的翅膀上绘有太阳、山脉和河流的图案，爷爷说："这象征着广阔的天空和无限的梦想。"而爷爷则总喜欢拿着他那珍藏多年的黑色老式板鹞风筝，这只风筝虽样式有些陈旧过时，但爷爷说，那是陪伴了他整个童年的"伙伴"。

一切准备就绪，我们开始放风筝了。我抑制不住内心的激动，左手拿着风筝，右手握着线轴。这时，一阵阵春风轻轻拂过，拂过那些花，拂过那些草，拂过那些树，发出沙沙的声响，拂得人的脸暖暖的、软软的。我顺着风的方向一路奔跑，一边跑一边想象着自己的风筝借着风的力量渐渐地飞到空中，它越飞越高，它触碰到了那白白的、软软的云朵，它真的如一只大鹏鸟，高高地翱翔在天空中，载着我的梦想飞向我想要到达的地方。

就在我沉浸在自己的想象中时，突然听到身后传来"咔嚓"一声响，随后我的双手一沉，风筝似乎被人死死地拉住一样，任凭我怎么拉都拉不动。回头一看，原来风筝已重重砸在了地上。我有些沮丧地捡起风筝，再看看一旁的爷爷，让我惊讶的是，爷爷的风筝却早已高高地飞在了半空中，他双手拉着线，一会儿往上放，一会儿往下拉，一会儿往左走几步，一会儿又往右走几步，一会儿前进，一会儿后退。他的风筝那么平稳地飞在空中，而他控制风筝的线也是那么收放自如。

看着爷爷的风筝，我有些不服气，于是拿着自己的风筝继续顺着风奔跑，可是，我尝试了多次，还没等我跑几步，风筝就已重重地砸在了地上，风筝的头部也已被砸得面目全非了。我一时忍不住，把风筝往地上一扔，一把鼻涕一把泪地来到爷爷身边："爷爷，我不想放了，我想回家。"爷爷故作惊讶："咋了，谁欺负你了，这么委屈？"我一屁股坐在地上，过了好一会儿才抽泣着说："我的风筝老是飞不起来！"

这时，爷爷摸摸我的头，语重心长地说："孩子，刚才你放风筝时我全看在眼里了，你知道你的风筝为什么飞不起来吗？"我摇摇头，爷爷继续说道："这是因为，你助跑时是顺着风的方向，而风筝是需要逆着风的方向才能飞起来的……"还没等爷爷说完，我顿时来了兴致："真的吗？"爷爷郑重地点了点头。听从爷爷的

话，我重新拿起风筝逆着风奔跑。不出意料，我的风筝果真慢慢地飞了起来，我一下子破涕为笑："爷爷您看，我的风筝也飞起来了。"我一边说一边高兴地蹦着跳着。

此时，爷爷乐呵呵地说："孩子啊，放风筝其实跟做人是一样的，不可能一味地顺风顺水，倘若一味地顺风顺水，很容易会养成孤高自傲、目空一切的性格，所以，有时候也需要逆风而行，这样才能锻炼你的耐心，从而让你变得更加坚忍、谦卑……"

时间过得很快，转眼间已过去了10多年，如今我已长大成人，而爷爷早已不在人世，但他教我如何放风筝的话语仍时刻回荡在我耳边……

摄影天地

朱文静/摄影作品

筑牢防范意识　远离网络谣言

侯智明

当前我国社会已进入信息时代，信息的传播日益呈现出形式的多样化和传播量的爆发式增长，网络是人们获取信息的重要途径。就目前的情况来看，网络信息呈现出以下几个特点。

一是信息涉及面宽，世界上方方面面、点点滴滴的事或问题都有可能被涉及，尤其是人们关心的社会热点问题，既增长了人们的知识，也方便人们了解社会及舆情。

二是网络信息量巨大，即网络信息的内容和数量巨大。

三是网络信息传播速度极快，尤其是在当前的5G时代，可以在瞬间传播至万级、百万级、千万级、上亿级网民甚至世界各地。

四是网络信息的真伪难辨，尤其是深度伪造技术、合成声音、社交工程、社交机器人等新技术正成为电信网络诈骗的手段，让人难辨真假。

五是网络信息对社会、群众影响力大，一旦群众轻信或是误信网络谣言，就有可能造成舆情事件，从而危害社会、国家安全。

六是要特别警惕敌对势力及黑客对我国网络的渗透和攻击，要高度警惕敌对势力依托互联网平台煽动民众不满情绪，达到其不可告人目的的情况，须筑牢网络空间的安全屏障。

网络信息与广大人民群众的日常生活、思想、行为具有密切的相关性。网络谣言严重地扰乱网络空间秩序、扰乱社会秩序、影响人民群众安全感，进而威胁到我国社会主义强国建设的顺利进行和第二个百年奋斗目标的实现，以及中华民族伟大复兴中国梦的实现。因此清除网络谣言意义重大。

我国公安部在2023年底发表的公报中指出，当前网络直播火爆，编造虚假视频、P图等乱象成为当前网红大V争先恐后效仿的套路，一些网络平台上谣言事件频发。2023年全国公安机关开展"净网2023"专项行动，陆续侦办网络谣言类案件4800余起，依法查处造谣、传谣人员6300余名，依法关停违法违规账号3.4万个。同时，公安部党委决定，2024年为打击整治网络谣言专项行动年，这也体现了党中央的决心。因此，全国人民都要行动起来，尤其是我们老党员、老同志，更要有责任、有义务积极配合各级政府完成好这项工作。

如何筑牢防范意识，有效远离网络谣言，我认为，首先是我们老党员、老同志要充分认识到网络谣言的危害性，认识到彻底清除网络谣言的必要性，认识到加强对人民群众思想教育使其保持正确的政治立场的重要性。其次是做好自己，加强自身在政治理论方面的学习，坚定理想信念，树立正确的政治观念，坚定听党的话，始终与党中央保持在思想上、政治上、行动上的高度一致。要始终保持头脑清醒，关注国际、国内的时事政治，明辨是非。做到不传谣、不信谣的最有效办法就是对存疑的网络信息进行认真的核实，我们党是最讲认真二字的，只要认真了就能辨真伪，而现今求证核实的途径还是很多的。最后要充分发挥老党员、老同志的政治优势作用，加强对人民群众的宣传工作，提高群众的政治觉悟和认识，提高辨别是非能力，自觉地、坚决地抵制和远离网络谣言，要对网络谣言揭露之、批判之。但也要看到，清理、整治网络谣言的斗争不可能一蹴而就，这是一项长期的持久的工作。只要广大人民群众行动起来，在党中央集中统一领导下，就一定能取得整治网络谣言专项行动的胜利，确保党的二十大精神能得到扎实的贯彻落实，确保我们社会主义国家风清气正、乾坤朗朗的大好政治环境，确保人民群众享受和谐、团结、奋进的经济建设大发展的良好社会局面。

纸剪情深

孙学铭/剪纸作品

宋代状元宰相吴潜（下）

吴培武

（接2402期）龙川古称循州，历史悠久，公元前214年秦朝始置县。这里是秦朝南征百越50万大军的聚居地和播衍四海的出发地，也是客家先民的重要发源地和岭南客家族群的祖地，还是中华姓氏源流的朝宗圣地之一。

忠贞正直的丞相被贬龙川

南宋景定二年（1261年）四月，年近古稀的吴潜被流放到循州。秋七月，吴潜责受化州团练使、循州安置。年近七旬的吴潜带着老妻和一二老仆，在三伏天里，蜗居在小客船里挥汗如雨，顺着"盘回七十滩，颠顿常惊悸"的水路，经过梅州，抵达循州，也就是今龙川。

吴潜曾给宋理宗讲过一段时间的《易》，提议慎选太子，在皇族中及早挑选人才进行培养。他对国家的掌舵者、治理的接棒人有着很高的期待，后来，他因立储之事被流放循州。南宋开庆元年（1259年）九月，宋理宗再度拜他为相，"以醴泉观察使兼侍读，奉朝请"。宋理宗无子，喜欢荣王赵与芮之子孟启（赵禥），先后封他为建安王、永嘉王、忠王，这年更准备立他为太子。吴潜早就观察过忠王，他对宋理宗说："臣（指贾似道，时为忠王之师）无弥远之才，忠王无陛下之福。"贾似道从此恨上吴潜，百般陷害，致使吴潜于南宋景定元年（1260年）四月罢相，并在景定二年（1261年）流放循州。

饱学之士龙川施教

初到龙川，吴潜的日子并不好过。古稀老人突然到了瘴疠岭南地，从庙堂之上突然转入"荒凉一墟市"，居住环境也很不好。他住在一座年久失修的贡院里，地面潮湿，像是有泉水注入，屋顶也不顶用，下雨时地上流泉，屋顶落瀑。老鼠是常客，有时还能看见蛇。对吴潜来说，这儿的鸣虫发出的怪异叫声，也不像他听过的那些蟋蟀发出的声音。更可怕的是身体和心理上的折磨让他病得下不了床，他的老妻急得直哭。吴潜没办法，他找不到好医生来看病，只得写了篇《焚告天词》，盼望上天垂怜，不要让他"永作瘴乡之鬼"，使他能够活着返回故乡。

在龙川东山寺处，吴潜还提倡设立三沙书院，以饱学之士的力量，向龙川学人传播南宋理学及其他学术文章。东山寺始建于隋大业七年（611年），占地面积500多平方米，据有关资料称，当时吴潜收有百余名学子，为龙川的文化教育事业作出了相当具有影响力的贡献。

名相被暗杀，死在寺院中

在朝中炙手可热的贾似道，担心德高望重的老宰相吴潜还会被召回朝中，东山再起对他不利，他决定派人去暗杀吴潜。南宋景定三年（1262年），一日，正在龙川寓舍中看书的吴潜，忽然听得承节郎刘宗申将出知循州，大惊，他知道自己必难幸免于难，自此小心提防。他已预知死期，对人说："吾将逝也，夜必雷风大作。"吴潜对自己将卒于龙川早有预感："永作瘴乡之鬼。"他自铭其棺曰："生于雪川，死于龙水。大带深衣，缁冠素履。借以纸衾，覆以布被。一物不将，敛形而已。其人伊谁？履斋居士。"

刘宗申于五月，在府中设宴邀请吴潜，吴潜说自己有忌口的习惯，推辞不去；又请了一次，吴潜仍是推辞。刘宗申换了厨子，强行进入循州贡院吴潜家，让厨子做菜，二人同饮。刘去后的夜间，龙川突然惊现雷雨大风，吴潜死于当夜。呜呼，一代贤相坠落！

临终前，吴潜写有《谢世诗》《谢世颂》各三首。其中，《谢世颂》第三首云："生在湖州新市上，死在循州贡院中。一场杂剧也好笑，来时无物去时空。"龙川民众听到吴潜去世的消息，深感悲恸，失声痛哭。

吴潜原葬于循州，家人怕刘宗申等再来生事，移枢循江而下，葬于惠州嘉祐寺南坡。后来，其子孙迁居福建南安，遂将吴潜从惠州迁往南安湖尾山下安葬。

吴潜死后12年，南宋德祐元年（1275年），他的所有罪名都被平反。次年，太府卿柳岳请赠谥，追赠少师。在《义门吴氏谱》中，吴潜便有"公贤相状元左右丞吏兵工三部尚书枢密使封金陵郡开国公加封崇国相国庆国改封许国公赠少师"的头衔。

循州（龙川）对于吴潜来说就像文王之羑里，岳飞之风波亭。

青山埋忠魂，黄土慰英灵。花篮果品、清酌庶羞、金帛香烛、祝文礼炮、宗亲叩拜、上香献纸，崇高礼仪，自不会少。

莹位佳穴，众山环绕。

壬水丙向，案山拱卫。

百尺风水，千里龙脉。

也字奇观，世间少有。

八百春秋，英烈传世。

万千豪语，忠贞仁德。

如书如说，亦如叮咛。

也歌也泣，亦也流芳！

摄影天地

赵旭然/摄影作品

林徽因弟子常沙娜：永远的『敦煌少女』

侯朝阳

2024年央视春晚舞台上，中国传统纹样创演秀《年锦》惊艳全国。作为该节目的艺术顾问，93岁的常沙娜老人，更是亲自手绘出这些跨越四个朝代的纹样。

早在21岁时，常沙娜就以敦煌图案为基本形式，设计出新中国第一块丝巾国礼。她还参与了人民大会堂、民族文化宫、首都剧场、首都机场、香港会议展览中心广场紫荆花雕塑建筑的装饰设计。她是"永远的敦煌少女"，也是"敦煌守护神"常书鸿的女儿；她是梁思成与林徽因病床前的学生、唯一健在的女弟子，也是中央工艺美术学院在任时间最长的院长。

如今，身为敦煌艺术和工艺美术设计研究专家，常沙娜以九旬高龄奔走在发展敦煌艺术的路上，被誉为"敦煌图案解密人"。

她始终觉得自己是幸运的

不久前，常沙娜从北京市区搬到郊区的一个小区里，她住在一栋两层小楼里，院子里种了不少花草，养了两条狗，有保姆照顾她的起居，儿子也时常来看望她。她说："这里很好，没有高楼大厦。等到春天花开了，更好看。"

此前，常沙娜住在一套没有电梯的楼房里。早年间，为了照顾一位老职工，她主动将自己住的房子从二楼换到了四楼，一住就住到了90多岁。其间，为了方便照顾她，家人想与她同住，却被"独"惯了的她婉拒。但随着年龄越来越大，常沙娜意识到独居生活会越来越艰难，才终于搬了家。

一辈子和艺术打交道，对于美，她"眼里不揉沙子"，喜欢穿自己设计的服装，端庄优雅。当穿着短裙或破洞牛仔裤的年轻人前来拜访时，她会毫不客气地告诉对方，这是"不该有的样子"。

常沙娜喜欢花，更喜欢画花，作品也大多与花有关。90岁之前，她握笔还能不抖。在她书桌的玻璃板下，压着许多四叶草标本，这也是她自年轻起保留至今的习惯——无论身在何处，闲暇散步时，她的目光都会不由自主地投向路边草丛，寻找"幸运草"。要知道，10万株同属的三叶苜蓿草中，只有一株幸运地拥有4个心形叶片。

"可是我遇到的概率比这要高许多，有时在不经意间就会有收获。"她始终觉得自己是幸运的，因为她是常书鸿的女儿，因为敦煌。

1931年，在法国里昂国立美术专

春晚节目《年锦》再助传统文化破圈

科学校留学的常书鸿与妻子陈芝秀，迎来了他们的第一个孩子。里昂多水，两条主要河流哺育了它，其中一条名为 La Saone（索恩河），常书鸿用它为新生的孩子命名：沙娜。

常沙娜随父母在法国生活到6岁，法语纯正，却不会说中国话。在那里，远离战火的常沙娜度过了无忧的童年。回到中国后，她过了几年颠沛流离的日子。12岁时，父亲接上母亲、弟弟及她一起到了敦煌。

那时，常书鸿刚刚在敦煌建立国立敦煌艺术研究所（现为敦煌研究院），开启对敦煌莫高窟的保护工作。从此，她的人生与敦煌紧密联结。敦煌不仅是她的精神故乡，也是她的艺术故乡。

"我的学生经历不同于一般的孩子，我学习敦煌艺术是从小开始的，拥有童子功。"每到学校放假，常沙娜就回到千佛洞，蹬着"蜈蚣梯"，和大人们一起爬进洞窟临摹壁画。

从14岁到17岁，常沙娜的日常生活就是融入敦煌莫高窟，手眼不停：抬头，是翩跹的飞天；转身，是宝相庄严的菩萨。彼时的敦煌才杰云集，一大批后来成就斐然的艺术家，都是常沙娜可以随时请教的老师。

林徽因改变了她的人生道路

1948年，在来甘肃支教的加拿大籍犹太人叶丽华的主动牵线下，常沙娜到美国艺术博物馆附属美术学校上学，系统修习素描、色彩、设计、艺用人体解剖等美术课程。

1951年，建筑学家梁思成和林徽因在故宫的敦煌文物展上偶然见到从海外学成归来的常沙娜，领着她进了工艺美术的大门。

林徽因肺病很严重，常年卧床静养，床上支着一张小桌子，用来写字画画。梁思成身体也不好，有时也在

常沙娜和叶丽华

家卧床养病。每天上午10点，常沙娜便会来到林徽因病床前听她讲课。

林徽因在装饰艺术方面有深入研究，当时正着手北京传统工艺景泰蓝的新图案设计，将宫廷里使用的工艺用到老百姓家里的灯座、托盘、果盒等日用品上。她鼓励常沙娜，将敦煌莫高窟的图案运用到景泰蓝上。

就这样，林徽因改变了常沙娜的人生道路。她进入清华大学营建系担任助教，跨进工艺美术行业。后来，她加入了新组建的中央工艺美术学院。

在对敦煌文化的传承上，常沙娜走出了与父亲不一样的路。父亲做的是文物保护、古代艺术，而她做的是工艺美术、装饰设计，而这正是新中国建设中所需要的实用艺术。

当年，人民大会堂宴会厅的天花板上绽放着一朵由唐代风格的花瓣构成的圆形浮雕大花，这正是她受到敦

人民大会堂宴会厅天花板

煌藻井图案的启发设计出来的，成为将敦煌艺术运用于现代设计的典范之作。

一直以来，香港金紫荆广场上矗立的那朵著名的紫荆花雕塑，设计者标注的都是"中央工艺美院"。直到由常沙娜的学生蓝素明执笔的回忆录出版后，人们才知道，它的主要设计者其实就是常沙娜。因她不愿居功，便默默地抹去了自己的名字。

1998年，67岁的常沙娜卸任中央工艺美术学院院长。父亲的叮嘱，"不要忘记你是敦煌人"；恩师林徽因未竟的遗愿，"我们也应该整理一本中国自己的历代图案集"，又成了她前行的动力。

1986年，她出版了《中国敦煌历代服饰图案》。退休后，她带着研究生，多次到敦煌进行整理临摹，将斑驳壁画上隐藏的图案"萃取"出来。2004年又编绘出版了《中国敦煌历代装饰图案》。她说，自己已竭尽所能，但仅敦煌部分的整理就用时近半个世纪，一部完整的中国历代图案著作该是多么恢宏壮观的大作！

那些刻骨铭心的伤痛

80岁以后，随着敦煌再次被瞩

目，常沙娜以"敦煌少女"的身份走入公众视野，成为受大家拥戴的文化老人。人们发现，这位老人一生投入祖国建设，孜孜不倦，贡献卓然。然而，作为一个经历过时代更迭的人，她一生所经历的痛楚也刻骨铭心。

常沙娜在其80岁之后出版的回忆录《黄沙与蓝天：常沙娜人生回忆》中，记下了那些令她刻骨铭心的伤痛时刻。

1945年，母亲不告而别出走敦煌，从此离开了丈夫和两个孩子。这件事给了常沙娜巨大的打击，使她产生了一生无法解开的困惑。

在常书鸿的描述中，妻子陈芝秀不堪忍受敦煌艰苦的环境，与一个转业的国民党退役军官一道逃离了敦煌。他后来反思自己："一心沉在工作中，没有时间照顾家庭、照顾妻子，没有重视她的思想情绪。"

常沙娜记得，童年时敦煌的家中

常书鸿夫妻和女儿常沙娜

充斥着父母的争吵声。父亲工作压力大，回到家常常发火，将外面的压力发泄在母亲身上。两人为一点小事就能争吵起来，在气头上时两人不止一次提到离婚。

1962年，常沙娜带学生到杭州实习，顺道看望住在杭州的大伯。大伯突然问她："你想看看你妈妈吗？"

在大伯的牵线下，母女二人分离17年后再次坐在了一起。见面那天，常沙娜大吃一惊，印象中美丽动人、神采奕奕的母亲，已经变成了自己眼前脸色苍白、头发蓬乱、面无表情的老太太。

陈芝秀后来嫁给了一个贫穷的工人，生活困顿，她便做一些给人洗衣服之类的辛苦活儿补贴家用。那天见面，母亲对女儿说："现在我也很想哭，这是上帝对我的惩罚。一失足成千古恨！"常沙娜则从此对母亲"再无嗔恨，只有同情"。

此后，常沙娜开始瞒着父亲偷偷给母亲寄钱，每个月5元到10元不等，只在"文化大革命"时中断过几年。每次收到钱，母亲都会给她写封信，告诉她钱花在哪儿了："买奶粉用了几元几角，买暖水袋用了几元几角……"常沙娜后来还想去杭州看母亲，但一直没去成，直到1979年母亲去世。

时间来到1989年冬至。这天，常沙娜的丈夫崔泰山因患"诱发性肝癌"去世。没能见到丈夫最后一面，成了她一生中最心痛的事。

这是她的第二段婚姻。与第一段婚姻不同，这一次，常沙娜真正感受到了爱情。

崔泰山长相英俊，朴实憨厚，少年时做过抗日工作。中华人民共和国成立后，他从国际关系学院毕业，进入中国对外文化联络委员会（后撤销）做翻译。1961年11月，常沙娜受邀访问日本，结识了担任日文翻译的崔泰山。巧的是，3年前，崔泰山还为她的父亲常书鸿担任过翻译。

1963年冬天，32岁的常沙娜与36岁的崔泰山结为伴侣。此后，两人互相扶持，风雨同舟。

崔泰山患有糖尿病，因身体不断消瘦，独自去医院检查，结果被诊断为肺结核，医生让他服用异烟肼。为了不让妻子分心，崔泰山一直瞒着她。直到有一天，常沙娜发现他竟然已服用了三个月的异烟肼。

当年跟在林徽因身边时，常沙娜就知道，异烟肼是用来治疗肺结核的。她立刻拉着崔泰山去了医院，可惜已经太迟，异烟肼已经严重损坏了丈夫的肝脏。

崔泰山临终前，碰巧妻子不在身边，他一直在用眼睛寻找，口中不住地询问："沙娜呢？沙娜呢？"

那年，儿子只有13岁。很长一段时间，常沙娜陷入痛苦和自责之中："如果我不那么操心学校的事，稍微关心一下老崔，情况也许就不会是现在这个样子！如果我一开始就陪老崔去看病，他也许就不会这么早走！"

后来，常沙娜告诉学生，丈夫去世后，她没有休息一天，是靠工作熬过了最痛苦的日子。

此后每年清明节，还有丈夫的生日、忌日，常沙娜都会去为他扫墓，父亲题在墓碑上的字，完全代表着她的心声：泰山永在。

斯人已逝，这就是人生

常沙娜现在家里的墙上和书架上，摆放最多的照片依然是父亲常书鸿的。几本父亲的传记被她翻来覆去地读。已90多岁的她依然将自己最多的时间留给了父亲。回忆父亲的时候，她常常十分动情，很多细微的场景都让她难以释怀。

1943年深秋，常书鸿在重庆接

常书鸿和常沙娜

上全家去往敦煌。沙漠中的敦煌条件很艰苦，除了常书鸿，没什么人愿意去，妻子也跟他争吵了很多次。常书鸿一面为了理想建立国立敦煌艺术研究所，一面要面对现实，说服众人随他前往，内心十分孤独。

一天，全家坐着卡车赶路，停车加油时，常书鸿买了一碗醪糟蛋，端起来刚要吃，卡车突然开动，鸡蛋、汤水泼了他一身，脸上、眼镜上也挂满汤汁。父亲当时狼狈、窘迫的样子被12岁的常沙娜看在眼里，使她感觉

不忍又怜惜。

此后，常沙娜便一直追随着父亲：听他的话，去洞窟里临摹壁画，学敦煌艺术；听他的话，在母亲离去时中断学业，回到莫高窟照顾弟弟。她学着妈妈的样子，给弟弟织毛衣、做鞋、做饼干，"至于怎么照顾爸爸，我虽然不懂，但也按照自己理解的尽力做了"。那年她14岁，真是"没妈的孩子早当家"。

抗日战争一结束，国立敦煌艺术研究所的人纷纷回了家，常书鸿几乎成了"光杆司令"，只剩下两个工人。而国民党政府对敦煌研究所一直不看重。上下无着，此时他如果也一走了之回到城市，是人之常情。但他扛了下来，并且回重庆到处"化缘"。几个月后，他重返敦煌时，乘着一辆美国十轮大卡车，带着几个从成都、重庆招收来的美院师

永远的"敦煌少女"

生——国立敦煌艺术研究所涅槃重生了。

除了保护石窟、临摹壁画，常书鸿还要种树、种菜、养鸭，提高研究所工作人员的生活水平。

陪着父亲经历过这一切，常沙娜对他是打心眼儿里佩服。"他是带着很大的压力和负担在敦煌组织工作的，（但）不是有人给他压力，是他自己想来的。"

1994年常书鸿去世，接着，比常沙娜小10岁的弟弟也走了。2008年12月，常沙娜被确诊为乳腺癌，她毫不犹豫地进了手术室，把自己交给了医生。

"周围这么多人一个个离去，她好像都很平静地接受下来了。"在常沙娜的学生蓝素明眼里，老师心里存不住事，有事就要说出来，然后就过去了。

接受苦痛酸甜，接受命运，正如那句常常被常沙娜挂在嘴边的法国著名谚语——C'est la vie，这就是人生。

常沙娜在公交站牌前与海报合影

北京天桥

刘雨铂　张　鑫

北京天桥位于北京中轴线上，是京城民间艺术的摇篮和发祥地，是老北京最大的平民市场之一，蕴藏着丰富的民间文化遗产，展示着老北京的风韵。那么北京天桥是如何在历史长河中发展的，蕴藏着怎样的文化特色，又在今天焕发出怎样的生机？

历史中的天桥变迁

老北京曾流传着这样一句俗语，"天桥有天没有桥"，说的是现在的天桥，只是个地名，早就没有桥了，而在历史上，在这处叫天桥的地方，是有座桥的。

天桥的准确位置，在今天的天坛路西口、天桥南大街北口、前门大街南口、永安路东口4条交通要道会合处，是北京中轴线的重要节点。天桥始建于何年，已无从考证，但在一些文献中可以寻找到天桥的历史发展轨迹。据史料记载，天桥地区在元、明及清前期是一片水域沼泽地带，不仅妨碍了百姓的南北通行，而且阻隔了封建帝王赴南郊祭天的道路，故在此修建一座石桥，为天子祭天必过之桥，名之"天桥"，也俗称"龙鼻子"，因称前门为龙头，桥两边的河沟便称为龙须沟。那时的天桥两边均有汉白玉栏杆，桥北东西各有一座亭子，桥东桥西分别为东沟沿、西沟沿，其中遍种荷花，河中常泊船舫，供游人乘坐，夏令时节繁华景象最盛。清朝时期，天桥地区处在外城的中心地带，人文风光更为繁盛，文化底蕴不断积淀，官员纷纷择外城而居，来京应试的举子亦多居于城南，具有水乡风致的天桥成为文人雅士吟诗作对、游玩写作、借景抒怀的绝佳之选。

敕建于天桥两侧的御制石碑，一东一西并排而立，是北京中轴线上重要的文化景观与文化遗产，具有非常深刻的历史意义。为了彰显帝王伟绩，乾隆皇帝于乾隆五十六年（1791年）刊刻《正阳桥疏渠记》碑一方，即为天桥"东碑"；同时又将永定门外乾隆十八年（1753年）的《帝都篇》和《皇都篇》御制碑进行了复刻，讴歌了北京的山川形胜和自己的乾隆盛世，即为天桥"西碑"。两碑仿照燕墩上的四方石幢形制，并在天桥之南，御路东西各兴建一座御碑亭加以围护。天理教起义后，堪舆家说此事与乾隆时疏浚天桥沟渠有关，破坏了国家的王气。道光元年（1821年）九月，天桥南侧两座御碑亭被拆除。两座乾隆御制石碑共存整30年，后分别被弃置于桥西的斗姥宫与桥东的弘济院中。位于弘济院中的"东碑"一直留存至今，而"西碑"则经历了漫长且曲折的过程，最终于2005年出土，保存良好，现位于首都博物馆新馆东北角。

道光、咸丰年间，天桥"江南水乡"的格局发生转变，一些小贩在天坛及先农坛墙根摆摊售卖杂货，形成了小型旧货市场。于是摊贩聚集地附近，各路艺人，就空地进行表演，形成了相应的游艺场。清朝晚期，天桥市场就已初具规模，随着火车通进北京城，天桥成为进出北京的必要"关口"，天桥地区由一片江南水乡转变为市集与游艺区域，随后为交通之便，天桥池沼被填平，天桥秀美风光顿失，往日江南水乡风采不再，天桥

也成为一座低矮的石板桥。

近现代以来，天桥经历了重要改造，据孔庆普著《天桥遗址考察纪实》所述，天桥自1919年开始改造至拆除无存分为4个阶段。2022年年底、2023年4月，北京市考古研究院在配合南中轴路道路施工过程中对原天桥处进行2个阶段的考古发掘，发现排水沟1处（该排水沟由沟盖、沟壁和基槽组成）。现存沟盖石板共计19块，其中第18号石块长3米、宽0.66～0.7米、厚0.32米，与清末天桥两侧石平桥沟盖石板记录的尺寸吻合。排水沟沟壁和基槽所用石构件与孔庆普所著《天桥遗址考察纪实》中转载的《天桥下部结构考察报告》中提及的石构件基本一致，应属于天桥遗物。学者通过对考古成果及相关文献的研究，以及对天桥桥体的平面、立面结构、工艺、材料、做法等对比探索，基本可以证明现存天桥处遗物为原天桥所用砖、石构件。而通过对天桥两侧石平桥修缮记录的对比，对其尺寸、形制的推测，以及对其工艺、材料、做法的研究，基本可以还原天桥两侧石平桥的相关信息。考古发掘对进一步研究天桥所蕴含的历史文化内涵有着重要价值。

在天桥建筑构造变迁的同时，天桥的社会功能、文化意义也随之改变。民国初年，民国政府在天桥地区的香厂招商设货摊茶棚，在天桥东侧设唱戏的歌舞台、燕舞台和乐舞台。1919年建成了城南游艺园，这些行动推动了天桥地区的市场繁荣。1934年，为了拓宽前门大街至永定门之间的马路，天桥被全部拆除，天桥桥址不复存在，从此进入了"天桥有天没有桥"的时代，但作为地域概念的"天桥"依然被保留。这里与北京内城相比，是一个边缘地带，但无论是卖苦力的车夫、撂地卖艺的艺人，还是靠缝补为生的贫家女、摆摊设棚的小商贩都成了这里的主角，或许曾经的天桥地区是一个象征着穷途末路、杂乱喧嚣的地方，但它也是"养着穷人"的地方，因此也就成了老北京市民社会交融与生活的典型区域。

天桥地区在之后的历史发展中，一直处于城市规划与建设中的尴尬之地，社会化进程相对缓慢，但同时它又是平民文化的"摇篮"。在这一矛盾中，随着人们的文化遗产保护意识愈来愈强，与北京中轴线保护工作

天桥

的有序推进, 2013年曾经作为"龙鼻"守护着中轴线、横跨龙须沟的天桥再次"归来", 一座青白石拱景观桥和两座石碑悄然耸立在天桥南大街与天坛路交会处南侧的绿化带上, 桥长14.4米, 最宽处8米, 桥体内径宽4.48米, 景观桥和仿制的双碑共同构成了天桥历史文化景观广场。现有的这座历史文化景观桥并不是位于原址, 而是往南挪了四五十米, 适应了交通发展与人们的生活需求。与此同时, 天桥地区逐渐演变发展成老北京民俗文化的集中展示地, 焕发出新的生机与活力。

北京记忆, 文化天桥

经过历史的洗礼, 天桥实际存在的空间形式在不断发生变化, 但说到天桥, 人们难免将它与"老北京"联系起来, 其内在的文化底蕴源远流长。天桥的形象与抖空竹、估衣摊、"八大怪"、吹糖人、江米切糕这些传统民俗是不可分割的, 天桥成了老北京城市记忆的收集点, 是北京民俗文化的重要代表。在这里, 集聚了京剧、评剧、曲艺、武术、杂技等上百位著名民间艺人, 培育了侯宝林、连阔如等众多表演艺术家, 逐渐形成了天桥地区的民俗文化传统, 留下了宝贵的人文资源。

天桥是民间艺术的发源地。鼓书、相声、拉弓、举刀、抖空竹、舞叉、爬杆、车技、硬气功等都是在天桥发展起来的。民国期间, 先后建有戏园子20余家, 除此之外, 此间的游艺杂技摊多达62家, 这些艺术表演场地虽然简陋, 却吸引了大批游人观众, 饮食与旧货商铺随之发展。天桥地区一度成为清代末年、民国年间北京地区最为热闹的市集。

天桥地区是宫廷文化走向民间的重要纽带, 其中最典型的就是国家级非物质文化遗产——天桥中幡。据其传承人傅文刚所述, 中幡原本是皇宫里的事物, 是清代朝佛、庆典等走会活动的必备项目。最早在天桥市场表演中幡的是"王小辫儿", 将原本在宫中习练表演的舞幡传播到民间的关键人物就是他。王小辫儿在从宫中舞幡的哥哥处学得本领以后, 因为生活所迫, 就从河北老家到北京各地撂地表演, 王小辫儿表演时与"跤王"共用一块场地, 王小辫儿去世后, 宝三继承了中幡表演的技巧。中幡表演有金鸡独立、龙抬头、老虎撅尾、封侯挂印、苏秦背剑、太公钓鱼、擎一柱等样式, 是出身宫廷的民间技艺, 是

拉洋片雕像

天桥地区的代表性民俗活动。

作为一种历史文化景观,天桥始终闪耀于北京中轴线上,历尽沧桑变化,展现老北京民俗文化的生长变迁。

烟火中的新天桥

随着时代的不断发展,政府在保留天桥传统的艺术文化价值的基础上,对其进行了大规模的整治与拆建。随着人们对天桥历史街区的价值认知不断深入,天桥也开始在探索中焕发生机,将其所蕴含的历史文化不断融入现代人们的生活之中。如今,天桥已成为本市最大的剧场群。建设中的天桥演艺区总面积207万平方米,50座大大小小的剧场正在慢慢地汇集,形成了包括多座剧场在内的剧场群。

天桥演艺区最具标志性的建筑即为北京天桥艺术中心,这座“京城最年轻的大剧院”,一开业便成功展演了世界四大音乐剧之首的《歌剧魅影》,改写了北京没有剧院能够承接原版剧目巡演技术要求的历史,这是天桥地区近现代发展中重要的历史成就。现如今北京天桥艺术中心是一个以展演音乐剧为主,包含话剧、舞剧、芭蕾舞以及交响音乐会等多种演艺形式在内的综合性剧场群。许多知名的剧目都在北京天桥艺术中心上演,抢手的剧目更是一票难求。这不仅是对传统文化的传承与创新,更延续了历史上天桥地区的文化特征,汇聚民间文化于此,使其以符合时代发展的模式融入大众生活中。

该地区不只有曲艺、戏剧类的代

北京天桥艺术中心

天桥印象博物馆

表性建筑天桥艺术中心，更有近些年新建成的彰显与传承天桥地区优秀文化的天桥印象博物馆。"酒旗戏鼓天桥市，多少游人不忆家。"要想更加全面地了解北京天桥地区的历史发展以及文化传承，天桥印象博物馆是不二的选择。天桥印象博物馆主要分为三大主题空间，即固定展陈、文化体验以及活态展陈。

其中，"固定展陈区"以天桥历史发展为轴，分为"序厅、天子之桥、文化之桥、百姓之桥、复兴之桥"五大板块，通过现代的展陈手段和高科技互动项目，以天桥丰富的历史文化为背景，全面展示天桥地区的

历史沿革、景观风貌以及历史文脉。在参观展览的过程中，游客可以通过展览陈列以及高科技互动感受到历史上天桥的热闹：身怀绝技的老北京"八大怪"，当年在天桥练摊儿的相声泰斗马三立先生，胡同的繁多错落，美食的集聚，大茶壶的茶汤、黄米面的切糕、豆汁、卤煮、褡裢火烧，再掺杂着拉洋片的锣声，戏园子的梆子声，茶馆的吆喝声，小商贩的叫卖声，全都汇集于此，热闹非凡，令游客身临其境。"文化体验区"则融合历史、非遗、艺术、美学、民俗等多领域内容，通过阅读、文创、培训、设计、互动体验、惠民文化交流等各种活动形式，在完善演艺区文化配套的同时，对天桥文化的各类表现进行梳理、研究，加以传播，并带动天桥文化进入文化市场，推动文创产品的创新发展，打造富有特色的区域性文创品牌。"活态展陈区"则以传统文化的活态演示为核心，通过与西城友好城市、非遗城市的文化交流，厂甸庙会市集、天桥艺人技艺表演、文化惠民体验活动等形式，将"活态展陈区"打造成天桥地区的活态文化地标。

这种具有创新意义的博物馆形式提升了天桥的知名度，尤其吸引年轻

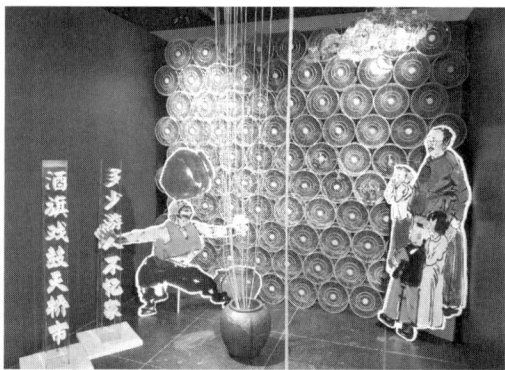
天桥昔日热闹场景

人前来参观，拉近了民众与历史文化遗址间的距离，更有利于天桥地区历史文化的传承与发展，有助于推动其周边街区的有机发展，探索物质文化遗产和非物质文化遗产活化利用的新模式。

除了天桥地区这些固定的向公众展示开放的文化传播场所，近年来，政府以及一些文娱公司、社区群众等还组织了一系列与天桥有关的活动，不仅进一步提升了公众对于北京天桥一带的文化认知，还将天桥与北京中轴线相联系，推动了北京中轴线的申遗。"南中轴·夜天桥"活动由西城区文化和旅游局主办，以"流光溢彩 京夜天桥"为主题，涵盖"夜赏、夜游、夜展、夜读"四大主题板块，致力于传承中轴文脉，传播古都文化，繁荣消费新"夜"态。"行走

中轴南 助力申遗"活动由天桥街道举行，以"赴天桥之约 享非遗之美""讲中轴故事 传中轴文脉""品古建匠心 强文化自信""学金融知识 助中轴申遗"四大板块为主题，让更多青少年深入了解天桥文化以及中轴线申遗相关知识，助力北京中轴线申遗。除此之外，还有许多与天桥相关的公众活动，等待着游客前往探索。

如今天桥的发展不断贴近民众，努力营造老天桥的氛围，使其维持原有的文化内涵。如今，北京天桥艺术中心、北京天桥艺术大厦、中华电影院相继落成运营，相关的非遗文化博物馆，以及老北京民俗的相关体验活动也在不断运营和开展。与此同时，北京中轴线的申遗工作也会带动老城的整体发展，推动民生工程的建设。天桥正不断将北京的现代文化与传统文化相融合，带给人们更强的视觉冲击力和文化体验感，天桥已经迎来了属于它的新时代。

（本文为首都师范大学学生科研立项"北京中轴线文化遗产研究——构建以人为本的文化空间"阶段性研究成果）

寻根·长城

——北街不是北街村　古城北面有长城

张明弘

梦想穿成七彩，透过边墙
耀眼灼热的，睁不开眼
执着地行走，是心灵的指导
始终如一，初心不改
近城不进城
房前屋后是长城

长城的脉络自汪家湾长城到五里墩之后，去了哪里，资料并没有明确的指向，于是"寻根·长城"团队来到离甘肃省永登县城不到一千米的地方——永登县城关镇北街村，继续寻找。

北街村，在县城北面，"近城不进城"，交通方便，再往北去不到一千米就是五里墩。长城在这里看不到痕迹，我们只能进村去问一问老乡。

村子里很静，多户人家都上了锁。我们寻了一会儿，才在一个窄道

北街村"近城不进城"

李大娘为我们指路

寂静的村落

房前屋后是长城

里看到准备点火烧炕的一位大娘（西北地区烧炕的灶口都在屋外）。

初时大娘并未抬头，但听到我们提及边墙，大娘竟意外地放下手中的活计给我们细细道来。原来长城就在村前，大娘结婚的时候还有，20世纪80年代就没了，大娘指给我们看——边墙之前就在现在的水沟边，沿着水沟往山上去还有一段边墙，再翻过山去，边墙就到狡狐子沟、青龙山公园了。

我们第一次遇到大娘知道这么多关于长城的事情，以往都是大爷大叔给讲述。大娘今年73岁，问她怎么

北街村24号

北街村24号

称呼，她说夫家姓李，她本张姓，给我们指完路，她依旧回去烧炕，李大娘说："年轻力壮的人都出门打工、上学了。"她身板硬朗，手脚麻利，并不像是一位70多岁的老人。

如果不问李大娘，怕是这一段没了痕迹的长城要被我们错过了，庆幸的是总在关键时刻遇到对的人，这并不仅仅是一种机缘巧合吧，而是始终如一地探究，一找再找、一问再问，

明长城——永登段　北街村长城

希望总是在未放弃时出现。

沿着李大娘指的路，车行上山，开到路的尽头，是一处有宽大院子的民房，院子里的住户并不是房主，而是租住在这里长达17年的一位朱大哥，他此时正好在家，对我们的突然到来有一些不知所措。

到了他的院子，房子后面的长城很明显地就看到了。长城兀自往上延伸而去，朱大哥对于边墙的存在好似浑然不知，估计也不明白为何一群人会对家后面的土墙如此关注。

跟随边墙再往朱大哥家后面的山上走，又出现了一个院子，已经无人居住。

北街村在山口子里面，我们之前以为长城是沿着山口去往了南方，结果它是跨过山口上了对面的山梁，而此时站在院子的中间，脚下就是长城的位置，身后不足5米的地方是一座破败的房子，房前屋后都是长城，墙体都还在。看情形，当年这个院子是把长城推倒后建的。

刚一进院子，只见到房子的前脸、房子的后面都窝在土墙里，猛一看房子像是堆坐在边墙上。进入房子，里面是个门厅，再往里走才别有洞天，真正居住地是在挖进去的窑洞

锁

钟表

帽子和镜子

里面。整座房子坐北朝南，有的房间塌陷，已经进不去，有三室两厅的样子；门很小，窗也小，只容几岁小孩的身量（西部的老房屋建制大抵如此，为的是冬天保暖）；房子里边有学生的奖状，说明此处的房子已至少空置了六七年。

霜花

屋子里的老物件都还凌乱地摆放着，主人将它们留在此处，岁月更新、事物更替，势不可当。陈旧的它们或许被遗弃、被遗忘，但它们证明了曾经的存在，无用正是它们的意义——存在过、影响过。边墙何尝不是这样，被我们遗忘过、忽略过，但被称为"精神"的东西早已附着在它们身上。即便边墙消失，它们的意义永远都在。

出了老房子，在边墙边上出现了一个小的洞穴，远远望去有热气出来，在阳光照射下折射出颜色，走近，洞口覆有霜花，玩心大起，一颗石子下去，没有回音。带着不解继续走，走不多久，我们发现更多的这种

低矮破旧的房屋

昔日长城，今天屋墙

在枯草间的洞穴，也许这些洞穴下是相通的吧。在西部一路走来，长城边上那么多人工挖掘的用来储存、暂住的洞穴，从里面冒出热气也就不奇怪了。

走到群山的中间地段，停下来打点，此处是凤凰岭段长城，离狡狐子沟已经不远，已然能听到火车"哐当"的声音，应该是兰新铁路就在附近了。

冬日的凤凰岭，光秃的山，冷冻的土，没有多少生机。梯田上挖了一个个的土坑，可容纳一人站在其中。我们调侃说："坑里种个'寻根·长城'的助理，以后都不用招助理了。"站在坑里的助理听了后，脸红彤彤的似苹果，不知道是冻的，还是被老师说得害了羞，寒冷在笑声中得以缓解。

太阳渐渐升高，我们发现边墙周围的野草干花仍萋萋，像是自春到冬没有人干扰它们，任其自由生长。若春夏来此处，定有摇曳的碧草香花，竟令人神往。凤凰岭远望去犹如凤

霜花洞

深洞覆草，湿气化霜

荒草也萋萋

凤凰涅槃的一瞬

凰展翅，边墙正好是它的背脊，而左右的梯田环绕的两座山正好是它的翅膀；老师适时地举起相机，镜头里，太阳的光环从其背间射来，犹如凤凰涅槃一瞬。

上山容易下山难，尤其还是一段踩在长城上的路，我们一路战战兢兢。但除了踩在边墙上，左边右边都没有路，老乡赶着羊下山从这里走，上山种地也从这里走。这里早就变成了祖祖辈辈走的路。在寻根·长城的路上，这样的路很多，被做他用的长城也很多，各种形态，有的变成了路，有的变成了水渠……这样的长城不是替代品，它们就是长城。

山势陡，都是土路，我们不得不

落地狡狐子沟

一路下滑，虽然大家都想保持尊严地下滑，但是顾了危险就顾不了体面，一路走来的乐趣，足以让人抛却面子，得到的都是升华的快乐。

落地狡狐子沟，游过青龙山公园，已然又转回到县城里，多半天时间过去。下午的行程只够在县城内盘桓，于是我们就近来到海德寺。

海德寺寻古探幽
听老人口述历史

海德寺，位于永登县城东北隅（城正北原新仓巷），西临大街，东靠城墙，南北临民宅。据《永登县志》载：海德寺始建于明成祖永乐十六年（1418年）。现存大殿正梁上的题记为"大明正统拾贰年（1447年）岁次丁卯陆月拾伍日辰时建"。可知其始建于明永乐十六年（1418年），而主要建筑大殿为正统十二年（1447年）起建或重建。该寺早于连城大通寺（清改妙因寺）23年，早于红城感恩寺74年，是庄浪河流域最早的藏传佛寺。历史遗迹流传有序，海德寺是目前为止永登县保存最好的也是最完整的永登古城的历史物证。

题字

海德寺

大殿佛音绕梁

海德寺古树

还未进入寺院，梵音缭绕。寺院门口是10年以前修建的，重建时由当时的中国佛教协会会长赵朴初亲题"海德寺"三字。这里也是永登县佛教协会的驻地。里面是两进院，前面是天王殿，供奉的是"未来佛"弥勒佛；后面是大雄宝殿，供奉的是释迦牟尼佛。

大院内有一棵600余年历史的菩提树（菩提一词乃梵文音译，是智慧觉悟之意）。这棵菩提树据说是西北区域最大最久远的菩提树，先有树而后有寺，被视为兴寺之物。菩提树春夏之际盛开小白花，香溢四方，远近皆知，盛传于世。

祈福

海德寺祈福小马

从院中抬头仰望，寺院与周围居民楼亲密紧挨，像是被民居围成的天井，唱经声、鸽子声、居民生活的杂音交织，这座古寺并不寂寞孤立。寺院门前的一排店铺外面，每天都有老人来此聚集，下棋、聊天、晒暖。

从海德寺出来，正好碰上老人们的休闲时间，我们上前和各位大叔攀谈起来。你一言我一语中，一位年届八十的鲁大叔，成为主要的采访对象。问到古城何时拆了，鲁大叔说："（19）56、（19）57、（19）58年，3年就拆光了，当时我还上学呢。当年拆后修了学校，砖都砌了看台，再后来学校也都拆了，垫了地了。""永登城当时有几个门？""东门、西门、南门、北门"，"那时候抓小偷，四个城门一关，很容易就抓到了。"

那些老人家，像是老式收音机，到了年纪就自动切换到回忆频道，年少青葱岁月的所有记忆都不只是个人的历史，每一次回忆都是对家国史的一次印证，话匣子一旦打开，过去就像潮水一般涌出来，源源不断，即便只是片段，也弥足珍贵。

本来以为今天的行程再去老城的北门打个点就结束了的时候，人群里

鲁得喜老先生

心无旁骛下棋

练字的大叔

又来了位刘大叔，他和鲁大叔相同年纪，腿脚不太好，拄着拐杖，但记忆力却是出奇的好。他又补充了很多关于古城的情况。

对刘大叔的深刻印象，不仅是大

作者和刘大叔

刘大叔

章爷爷

作者和几位老人

叔的记忆力，还有大叔的口音，回答"行"字，皆用四声，带出来的语气都是恳切与笃定。

当时的城里每条巷道上都有寺院：海德寺、钟鼓楼、城隍庙……当年城隍庙修得很大，有5个院；钟鼓楼1958年就被拆掉了，钟鼓楼的大钟2.4米高；古城，南北2里地，东西1里地，是个长方形的城；北门在后面，看不见了，痕迹已经没有了。这些都是刘大叔的记忆片段。即便腿脚不很便利，刘大叔仍愿跟着我们去找寻北门的位置。

在北门待团队打完点，刘大叔乘兴又带我们去探访了一位百岁老人章法制爷爷。章爷爷仍讲话清楚，思路清晰。问章爷爷，您现在还有什么不高兴的事吗？心宽的章爷爷说："一个人一个命，有什么不高兴的。"这是一位老人历经沧桑，对世事的接纳，对岁月的臣服。

几位老人的口述还原了一座古城的样貌，也还原了一段历史，他们口中的古城似乎是在面前缓缓展开的一幅画卷，等待我们去徐徐探访。

穿过时光的隧道，去追寻长城的足迹

《观沧海》背后的历史风云

赵振烨

"东临碣石，以观沧海。水何澹澹，山岛竦峙……日月之行，若出其中。星汉灿烂，若出其里。幸甚至哉，歌以咏志。"一首传诵了千年的文学经典，引出了一场关乎东汉至三国时期北方命运的重要战役，以及一个消失在中华民族发展历程中的古老的民族。

《观沧海》是东汉建安十二年（207年）九月，曹操北征乌桓，消灭了袁绍残余势力，胜利班师途中登临碣石山时所作的。曹操取得北征乌桓的胜利，不仅实现了北方的统一，更为其整军南下，与江东的孙权以及南蜀刘备等一战解除了后顾之忧，同时也为骁勇善战的乌桓人最终融合于汉等其他民族提供了前提。

寻迹"乌桓"

战国末年，北方草原兴起两大部落，一为匈奴，二为东胡。东胡因"在匈奴东，故曰东胡"。汉初，东胡部落首领借匈奴冒顿单于弑父自立而发挥，接二连三地索要金钱、千里马、美女等。面对这些无理要求，冒顿单于采用了巧妙的应对策略，表面上满足了东胡的贪婪欲望，暗中却在积蓄力量。当东胡再次贪婪地向匈奴索要领土时，冒顿单于果断率领精锐

"晋乌丸归义侯"金印
（内蒙古博物院供图）

"晋乌丸归义侯"金印印文
（内蒙古博物院供图）

部队对毫无防备的东胡部落发起了突袭。这场匈奴和东胡的战争造成了两个结果：一是匈奴自此之后，长期称雄于北方边疆；二是东胡作为一个政权消失在历史的长河中，分裂为乌桓和鲜卑两个族群。

乌桓作为一个渔猎族群，"俗善骑射，弋猎禽兽为事。随水草放牧，居无常处"。自东胡被匈奴灭国之后，乌桓每年向匈奴纳贡，自愿为其藩属。因此，汉武帝在策划解决匈奴问题的时候，为防止乌桓向匈奴提供人力、物力，公元前119年，派遣骠骑大将军霍去病领兵五万进攻匈奴左地，迁乌桓于上谷、渔阳、右北平、辽西、辽东五郡，并"始置护乌桓校尉，秩二千石，拥节监领之，使不得与匈奴交通"，史书称"断匈奴左臂"。校尉府作为管理东北西部民族事务的机构，经两汉到魏晋前后存在了400多年。

这一时期，乌桓成为西汉中央王朝在北部的缓冲地带，在汉朝与匈奴之间摇摆了近100年。公元48年，乌桓遣使到洛阳向汉朝"奉藩称臣"。

和林格尔东汉墓壁画《宁城图》（《内蒙古艺术学院学报》）

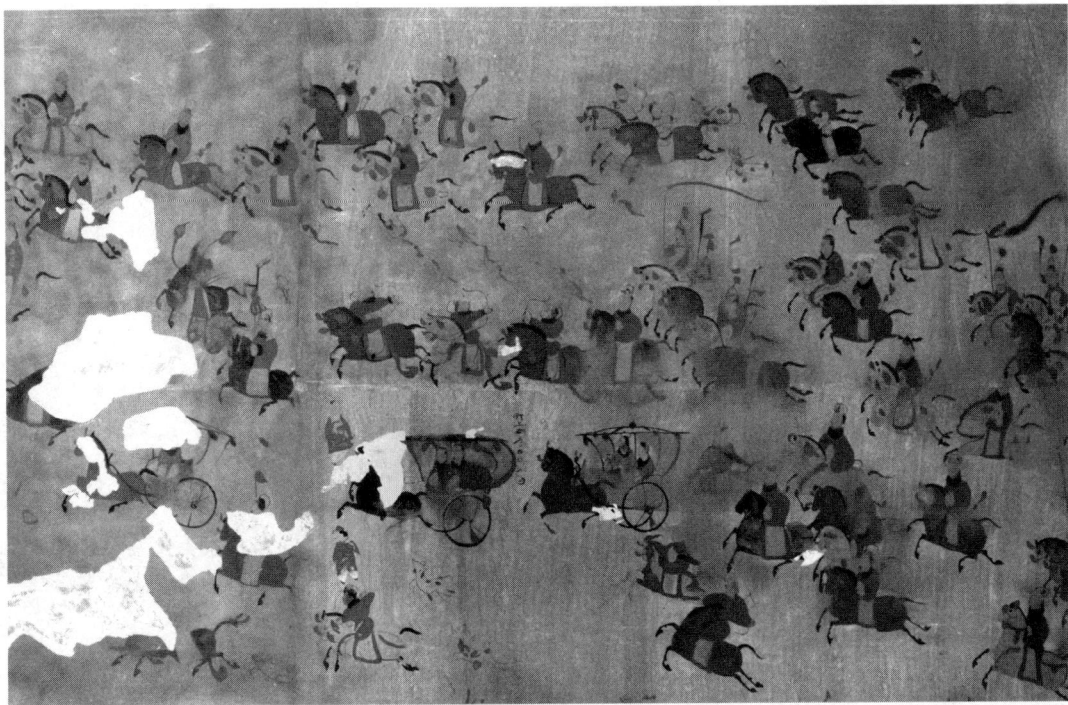

和林格尔东汉墓壁画《护乌桓校尉出行图》(《内蒙古艺术学院学报》)

次年，辽西乌桓大人郝旦等922人领众出降东汉王朝，并献上奴婢、牛羊、弓箭、虎豹貂皮等物品以示诚意。东汉朝廷在洛阳举行犒赏大会，并赠赐宝物，封其部下为侯、王、君、长等职81人，并允许他们居住于沿边上谷、渔阳、右北平、辽西、辽东五郡，并于次年恢复"护乌桓校尉"一职，以助东汉朝廷控御匈奴、鲜卑等力量。

乌桓两次归汉，两汉王朝对乌桓都分别实行了安置的措施，这一措施也对三国时期乌桓的政治格局产生了重要影响。在汉末，乌桓以地域为单位形成了辽西、上谷、右北平及辽东属国等几大政治集团。而在汉灵帝后期，辽西乌桓大人丘力居的侄子蹋顿即位，开始总摄右北平、辽西、辽东三王部，乌桓内部开始逐渐凝聚为一个政治实体。

曹操北征乌桓缘起

在蹋顿带领之下逐渐凝聚强盛起来的乌桓，不仅称雄北方，还时常侵扰汉朝的边郡，并联合一些割据势力，对中原地区进行侵扰，严重威胁着北方的安全。东汉末年，袁绍在乌

和林格尔东汉墓壁画《幕府图》(《内蒙古艺术学院学报》)

桓的助力之下打败公孙瓒，成为最强大的诸侯。袁绍死后，其子袁尚依然奉行与乌桓合作的政策，企图与曹操对抗，成为曹操称雄北方的严重威胁。为稳固冀、幽二州，维护北部安定，曹操准备北征乌桓。

俗话说："兵马未动，粮草先行。"为保证军需运输，曹操开始着手沟通河北平原的水运交通，在利用原有黄河故道白沟渠的同时，还采纳董昭的建议，自公元205年秋起，开凿平虏、泉州、新河诸运渠。

平虏渠上起青县的木门店镇，下至天津静海区的独流镇，大体上相当于现在流经静海一段的南运河。平虏渠沟通呼沱水和泒水，呼沱水的上游约等同于当今滹沱河，下游流经今河北青县以东入海。泒水的上游即今沙河，下游连今大清河至天津入海。董昭建议的"凿渠自滹沱河入泒水"即是利用两水之间的沼泽和河流分支开凿运道。在平虏渠开凿后，为了连通幽州城，曹操又开凿了泉州渠沟通沟水和潞水。大概因为该渠南起泉州（今天津市武清区城上村）境内，故名"泉州渠"。

平虏渠和泉州渠开凿成功后，曹操依然面临着东征乌桓的窘境，一是泉州渠北口位于今宝坻一带，而乌桓单于蹋顿的王帐则设立于燕山山脉深处的大凌河流域，军需运输仍有不便；二是曹操侦知乌桓在古北口有重兵防守，且泉州渠连通的潞水下游有几处水势湍急，行船不便，曹操便决定再开运道转而向东，从盐关口（今宝坻、宁河附近）经右北平（今丰润、唐山一带）至濡水（今滦河），在滨海湿洼地区开凿了一条名叫新河的人工运渠沟通泉州渠和濡水，由此渠循滦河上溯或顺流出海，都可抵辽西、辽东一带。

上述贯通河北平原运河工程的完成，使华北平原的各大河汇流至天津，循海河注入渤海，海河水系至此初步形成。中原地区的各种物资，通过白沟、平虏渠、潞河可顺流而抵泉州渠南口，出海可至东南沿海、辽东一带，北魏崔光曾说："邺城平原千里，漕运四通。"同时，这项运河工程也为以后南北大运河的开通奠定了基础。

决战白狼山

曹操打通北部水运交通大动脉之后，决定于公元206年春出师北伐。但此时的曹操势力内部却出现了意见分歧，大部分将领认为乌桓势薄，不足以对曹魏构成威胁，应将主要精力放在对付刘备和刘表方面。唯有郭嘉认为，如果不趁其不备，一举消灭袁绍残余势力和乌桓的

威胁，而任由其联合，不仅幽、冀等河北地区难以安定，还极有可能使袁绍的残余势力死灰复燃，形成更为严重的威胁。

经过深思熟虑，曹操认为当前刘表和刘备虽各有野心，但彼此牵制，对自己构成的威胁并不紧迫，若贸然南征，长途跋涉，则胜负难料。反之，若先集中兵力攻破乌桓，则北方可安，更可收编乌桓骁勇之骑为己所用。基于这些考量，曹操采纳了郭嘉的建议，决定出兵乌桓。

东汉建安十二年（207年）五月，曹操督军北上，开始进攻乌桓。郭嘉认为："兵贵神速。现今千里奔袭，应该减轻辎重，趁其不备，打它个措手不及。"曹操遂督军急进，利用夏季水涨利于行船的时机顺利自邺城经白沟、平虏渠、泉州渠、新河抵达无终（今天津蓟州区）。就在曹操抵达无终之后却遇到了一个巨大的难题：傍海道路泥泞不通，且诸多要塞关口都有乌桓兵驻守，"军不得进"。此时，无终本地德高望重之人田畴自请为向导，为曹操献计："这条傍海道，虽然宽阔，但是夏秋雨季之时，常有积水，浅则不通车马，深则不载舟船，我们也深受其苦。从旧北平郡

的治所平冈（今辽宁凌源境内）出发，经卢龙塞（今河北遵化东北的喜峰口），也有路可达柳城，但至今两百多年未曾修葺，早已陷坏断绝，不过或许还有一些小路可走。而且从卢龙口翻越白檀这条路虽然险峻，但守备空虚，路程也更短，如果能够趁其不备抵达柳城，则可达到不战而胜的效果。"曹操采纳了田畴的建议，一方面令军士在傍水侧路旁竖起写有"方今暑夏，道路不通，且俟秋冬，乃复进军"的木桩掩人耳目。另一方面命田畴为向导，率领五百兵士在前开道，曹操则领大军紧随其后，登徐无山，北越长城，循滦河出卢龙塞，历平冈，登白狼堆（今辽宁凌源东南），"堑山堙谷五百余里"，趁其不备，断乌桓后路，直趋柳城。

乌桓在曹军距离柳城只有200多里的时候才发现曹军，袁尚、袁熙与蹋顿及辽西单于楼班、右北平单于乌延等率数万骑兵仓促迎战。史书记载："操登高，望虏阵不整，乃纵兵击之，使张辽为前锋，虏众大崩。"蹋顿被当场斩杀，其余降者20多万人。乌桓辽东单于苏仆延与袁尚、袁熙等仅率数千骑投奔辽东太守公孙康，曹军在这场战役中大获全胜。同年九月，害怕被曹军征讨的公孙康斩杀苏仆延与袁尚、袁熙等，献首级于曹操，曹操顺利实现了消灭袁绍残余势力、征服乌桓的目的，史书称："太祖潜师北伐，出其不意，一战而定之，夷狄慑服，威振朔土。遂引乌丸之众服从征讨，而边民得用安息。"在班师回朝途中，曹操登临碣石，作下了千古绝唱《观沧海》。征服三郡乌桓之后，曹操迁右北平、辽西、辽东乌桓万余部落入居内地，同时将乌桓精锐骑兵编为队伍，队伍仍然以乌桓大人率领，随同曹操征战各方，在协助曹操成就霸业中起到了一定作用，史称："由是三郡乌丸为天下名骑。"

曹操北征乌桓的胜利，不仅将北疆分立的各政权纳入自己的管辖之下，实现了对北部地区的统一，还为之后整军南下，专力对付割据江东的孙权，以及亡命南方的刘备等解除了后顾之忧，但更重要的是中断了乌桓实现民族统一的历史进程，为乌桓人最终融合于汉等其他民族提供了条件。

善解老子·宠辱若惊

浦善新

【元典】

宠辱若惊，贵大患若身。何谓宠辱若惊？宠为下，得之若惊，失之若惊，是谓宠辱若惊。何谓贵大患若身？吾所以有大患者，为吾有身；及吾无身，吾有何患？故贵以身为天下，若可寄天下；爱以身为天下者，若可托天下。

【直译】

（无论）受到宠爱（还是）遭到侮辱都感到惊惶，重视重大祸患像重视自己的身体一样。什么叫得宠和被辱都感到惊恐不安呢？被宠是卑下的，得宠要感到受惊，失宠更要惊恐不安，这就叫作受宠、被辱都感到惊恐。什么叫作重视重大祸患像重视自己的身体一样呢？我之所以有大患，是因为我有身体；等到我没有了身体，那我还会有什么祸患呢？所以，如果一个人能像重视自己的身体一样珍视天下，就可以把天下寄托给他；如果一个人能像爱惜自己的身体一样爱护天下，就可以把天下托付给他。

【善解】

13.1 宠辱若惊，贵大患若身。

本节有两个"若"字，第一个"若"不是好像、如、如果的意思，而是副词，相当于"于是"之意；第二个"若"则指好像。

"宠辱若惊"，即受宠若惊，受辱若惊。受宠若惊是指因受到宠爱、赏识而感到意外地惊喜、惊惶不安；受辱若惊则是因受到侮辱而感到惊恐、惊醒。老子的"宠辱若惊"表面上与儒家追求的"宠辱不惊"背道而驰，"宠辱不惊"讲究的是中国传统儒家士大夫开阔豁达的胸襟、淡然平静的心态，无论面对荣宠还是侮辱都心如止水、波澜不惊、从容不迫。典型的如北宋文学家范仲淹在名著《岳阳楼记》中所说的："不以物喜，不以己悲。居庙堂之高则忧其民，处江湖之远则忧其君。"实际上两者都要求对受宠与被辱态度一致，不以宠喜，不以辱怒，只是儒家要的是淡泊明志，道家讲的是谦卑处下，即"知其荣，守其辱，为天下谷"（第二十八章）。王弼注："宠必有辱，荣必有患，宠辱等，荣患同也。"

"贵"，即"以……为贵"，也就是重视，引申为害怕。"贵大患若身"，即重视大的祸患像重视自己身体一样，或者说要像害怕身患重疾一样重视重大祸患，把大患看得与自身生命一样珍贵。用当下的语境来讲就是，要增强忧患意识、树立底线思维，像热爱自己的生命一样，高度重视防范化解风险工作，坚决打赢防范化解重大风险攻坚战。

为什么要"宠辱若惊"？就是要有忧患意识，不管是顺境（得宠）还是逆境（受辱），都要有危机意识、风险意识，保持清醒的头脑（若惊），始终绷紧防范化解重大风险挑战这根弦，也就是"贵大患若身"。河上公注："身宠亦惊，身辱亦惊。贵，畏也。若，至也，畏大患至身，故皆惊。"

有的学者认为，"贵大患若身"应该为"贵身若大患"，是为了与"宠辱若惊"中的"惊"字押韵而倒装。王纯甫："贵大患若身，当云：贵身若大患。倒而言之，文之奇也，古语多类如此者。"笔者认为，"贵身"是

人的本能，却往往容易好了伤疤忘了疼，所以老子提醒人们要像"贵身"一样"贵大患"，"贵身若大患"明显不合常理。

13.2 何谓宠辱若惊？宠为下，得之若惊，失之若惊，是谓宠辱若惊。

有的版本把"何谓宠辱若惊？宠为下"写作"何谓宠辱？宠为上，辱为下"，解读为什么叫得宠和被辱？得宠为上，受辱为下。河上公注："宠者尊荣，辱者耻辱。"所以"宠为上，辱为下"。笔者认为，这不符合老子的一贯思想，老子不可能认为受宠就高人一头，受辱就低人一等，而且与紧接着的"得之若惊，失之若惊，是谓宠辱若惊"无法衔接，得之是得宠还是受辱？失之又是失宠还是失辱？

那为什么得宠为下呢？因为得宠从表面上看是荣耀，是值得骄傲的光荣，实际上宠爱是自上而下的赐予，宠人者与被宠者（受宠者）一定是尊与卑、上与下、长与幼、男与女的关系，而不是平等的关系，受宠者本身从本质上讲就已经处在卑下的位置，失去了人格上的独立性，在赐予者面前受宠者没有人格尊严可言，整天战战兢兢唯恐失宠，所以说"宠为

下"。释德清："世人皆以宠为荣，却不知乃是辱。""宠为下，谓宠乃下贱之事也。譬如僻幸之人，君爱之以为宠，虽厄酒殽肉必赐之。非此，不见其为宠。……彼无宠者，则傲然而立。以此较之，虽宠实乃辱之甚也，岂非下耶！故曰宠为下。"

既然"宠为下"，得宠当然就没有沾沾自喜的理由，而且受宠不一定是被宠者必然该得的，也许是受宠者确有可宠之处，也许只是宠爱者一时兴起，受宠者随时都会失去兴趣，或者是要利用受宠者。不管因何种原因受宠，作为一种单方面凭感觉施舍的感情，既没有可靠性，也没有连续性、稳定性，所以要"得之若惊"，受宠者不仅不能忘乎所以、狂妄自大、恃宠而骄，而且要惊恐、不安，如履薄冰，要时刻清醒地认识到，有得宠就早晚会有失宠，要随时准备接受失宠之辱。失宠必然受辱，所以"失之若惊"，失宠更要诚惶诚恐，如果失宠后还不警醒，则就要大祸临头了。

13.3 何谓贵大患若身？吾所以有大患者，为吾有身；及吾无身，吾有何患？

"何谓贵大患若身？吾所以有大患者，为吾有身。"什么叫作重视重大祸患像重视自己的身体一样呢？我之所以有大患，是因为我有身体。河上公注："复还自问，何故畏大患至身。吾所以有大患者，为吾有身，有身则忧其勤劳，念其饥寒，触情纵欲，则遇患也。"

"及吾无身，吾有何患"，意为等到（如果）我没有了身体，那我还会有什么祸患呢？"及"意为达到、赶上、及至，《老子本义》作"苟"，意为假使、如果。

按照上面的解读，有大患是因为"有身"，所以要实现无患就要"无身"。那么"无身"是不要身体、毁灭身体吗？如果没有了身体，虽然解决了有大患的问题，但我的身体、生命都不存在了，有患或者无患还有什么意义呢？难道《老子》讲究养生益寿之道的观点是误传吗？

实际上这是对老子论述的"身"理解不透，把"身"等同于身体（肉体）造成的。"身"本义为人体的躯干。《说文解字》："身，躬也。象人之形。"引申为物体的主要部分、身体、生命、一生、本身及人的品格、修养、身心。本章的"身"指身心，包括身体（身子、身躯、肉体）和精神（灵魂、魂魄）两个方面，所以老子说"载营魄抱一"（第十章）。把"无身"解读为不要身体、放弃生命、抛弃肉体等，都是错误的，这与老子的本意背道而驰。老子从来没有弃身的观点，并明确反对轻身，在第二十六章质问轻躁的统治者："奈何万乘之主而以身轻天下？"老子提倡"贵大患若身"，"贵大患"的前提就是"贵身"，即重视身体、珍视生命。所以"无身"肯定不是轻视身体、不要肉体、放弃生命，更不是主动毁灭身体、使灵魂摆脱肉体的束缚而最终实现精神不死。范应元说："轻身而不修身，则自取危亡也。是以君子安而不忘危，存而不忘亡，故终身无患也。"

那么怎么理解"无身"与"贵身""爱身"之间的关系呢？其一，按照老子的思想，"无身"偏重于精神方面，"贵身""爱身"偏重于肉体方面。其二，"无身"即在精神生活方面不片面追求名声、身份、地位等身外之物，不追逐享受令人纵情发狂的声色犬马之娱，就是第三章倡导的"不尚贤""不贵难得之货""不见可欲"，也就是第十二章所说的"不为目"，减少、限制、放弃"五色""五

音""五味""驰骋畋猎""难得之货"等过度的物欲享乐，防止"目盲""耳聋""口爽""心发狂""行妨"的弊害。其三，"贵身""爱身"即在满足基本生活、生存条件方面，爱惜、珍视自己的身体，努力做到丰衣足食，也就是第十二章所说的"为腹"。其四，"无身"是为了实现"贵身""爱身"，而且其本身就是"贵身""爱身"，放弃贪欲和奢靡，返璞归真，回归自然，追求心神的宁静、恬淡，不就是最好的"贵身""爱身"吗？王弼注："归之自然也。"其五，"贵身""爱身"必须"无身"，如果做不到精神层面的"无身"，再好的物质保障、医疗保障，也无法实现"贵身""爱身"的目标。从纯粹的医学角度看，也是身病好治，心病难医。其六，如果按照普通人的理解，把"贵身""爱身"解读为惜命，则"贵身""爱身"是人的本能，老子的"无身"是针对人类过于惜命、贪生怕死而言的。实际上很多人最终不是死于疾病，而是死于对死亡的恐惧、过度治疗，或者亡于过度养生。当今社会的养生热、各种保健品骗局以及"养生专家"的早逝，都是不懂得"无身"而片面追求"贵身""爱身"的真实

写照。老子的"无身"就是要忘记自己"有身",让一切顺其自然,这才是真正的"贵身""爱身"。河上公注:"使吾无有身体,得道自然,轻举升云,出入无间,与道通神,当有何患?"司马光注:"有身斯有患也。然则既有此身,则当贵之爱之,循自然之理,以应事物,不纵情欲,俾之无患可也。"

13.4 故贵以身为天下,若可寄天下;爱以身为天下者,若可托天下。

"寄"意为寄托、交付。"爱"即爱惜、爱护。在第二章我们讲过"天下"有6种含义,这里的"天下"指国家或国家政权、统治权。有的学者将"若"解读为才能,所以将本节解读为,只有像重视自己的身体一样治理天下,才能把天下寄托给他;只有像爱惜自己的身体一样治理天下,才能把天下托付给他。笔者认为,"若"应该解读为若此、若是,即假设前一句成立,后一句也成立:如果"贵以身为天下",就"可寄天下";如果"爱以身为天下",就"可托天下"。有的版本把本节直接写作:"故贵以身为天下,则可寄天下;爱以身为天下,乃可托天下。"据此,笔者对本节的解读是,所以,如果能以"贵身"的态度慎重治理天下,也就是像重视自己的身体一样治理天下,就可以把治理天下的重任寄托给他;如果能以"爱身"的态度治理天下,也就是像爱惜、爱护自己的身体一样治理天下,就可以将天下托付给他。

本节王弼注本写作:"故贵以身为天下者,若可托天下;爱以身为天下者,若可寄天下。"对上句王弼注:"无以易其身,故曰贵也。如此乃可以托天下也。"对下句王弼注:"无物可以损其身,故曰爱也。如此乃可以寄天下也。""可寄"与"可托"含义相同,前后互换对解读没有什么影响。

【小结】

本章老子论述了"无身"而"贵身"的辩证思想,其本质还是"无为而无不为"的自然主义思想。老子认为宠辱都是身外之物,明确指出"宠为下",如果能够分得清"名与身孰亲"(第四十四章),就能不以得宠而骄横跋扈,不以受辱而怒不可遏,不管得宠还是受辱,都要保持清醒的头脑,诚惶诚恐、谦卑处下,这就是"宠辱若惊"。然而世人普遍重视宠辱荣患、毁誉得失,过分看重功名利禄、荣辱毁誉,有些人甚至视身外的荣辱、名位、钱财重于自身的性命，把荣宠和名利作为人生最高目标，一心想着享荣华富贵、庇荫后代。

本章最容易引起误解的是"有身""无身""贵身""爱身"之间的关系。很多人受到佛学思想的影响，错误地解读"吾所以有大患者，为吾有身；及吾无身，吾有何患"，把"身"等同于肉体，认为人类一切烦恼忧患的根源是"有身"，所以把"无身"理解为抛弃身体、毁灭肉体，舍生忘死，使灵魂摆脱肉体的束缚而成仙成佛、永生不灭，这明显与紧接着的"故贵以身为天下，若可寄天下；爱以身为天下者，若可托天下"相矛盾。那么老子到底是提倡所谓毁灭肉体的"无身"，还是珍视、爱惜身体的"贵身""爱身"呢？"贵身""爱身"是人的本能，作为无神论、自然主义思想的鼻祖，老子反对"轻身"，而提倡"贵身""爱身"。

实际上老子的"有身"就是第七章的"自生""先其身""私其身"，第五十章的"生生之厚"，第五十五章的"益生"，是不知"功遂身退"的表现，而"舍其后且先，则必死矣"（第六十七章），所以老子认为有大患者因为"有身"。"无身"不是"轻身"、弃身，而是第三章的"不尚贤""不贵难得之货""不见可欲"以及第十二章的"不为目"，能够做到"无身"就能无欲无为，所以老子说"及吾无身，吾有何患"。

"无身"而"贵身"是老子"无为而无不为"思想的延续。那么如何实现"无身"而"贵身"呢？庄子说："形如槁木，心如死灰。"从老子的论述看，就"无身"方面讲，要"不尚贤""不贵难得之货""不见可欲""虚其心""弱其志""使民无知无欲"（第三章），"功遂身退"（第九章），"专气致柔""涤除玄览"（第十章），"去甚、去奢、去泰"（第二十九章），去除"为目"造成的贪欲、外患；从"贵身"方面讲，就是"实其腹""强其骨"（第三章），努力做到"居善地"而"无死地"，"无以生为"而成为"善摄生者"（第五十章）。

老子提倡"贵身""爱身"的目的，不仅仅局限于个人的养生益寿，更重要的是治国理政。老子认为，一个人如果能够像珍视、爱惜自己的身体一样小心翼翼、诚惶诚恐地治理天下，"治大国，若烹小鲜"（第六十章），就可以把天下寄托给他。对外在的宠辱毁誉都惊恐不安的人能堪当大任，能以"贵身""爱身"的态度治理国家、对待百姓是老子心目中理想的统治者的形象。反之，如果一个统治者连自己的身体都不珍惜、不爱护，他能珍惜、爱护百姓的生命吗？你能相信他真的可以做到爱国爱民、天下大治吗？不要说口是心非的伪君子，人前口号喊得震天响，背后沉溺于声色犬马而不能自拔，没有时间、没有精力更没有体力治理国家，更大的可能是为了自己的奢靡享乐而祸国殃民，怎么可以把天下寄托给这样的人呢？就是真心想要治理好国家，如果不懂得"贵身""爱身"，没有健康的身体，他拿什么来治国理政？丧失了革命的本钱又如何能治理好国家呢？

仪式与文字中的布洛陀

何家祥

　　布洛陀（Baeuq Rox Doh），人名，通译为无所不知、无所不晓的智慧老者（Baeuq：对德高望重老者的尊称；Rox：知晓、懂得；Doh：普遍、全面），是流传在壮族及壮侗语系等少数民族口头文学中的类似于三皇五帝的史诗般的神话人物，是始祖神、智慧神和道德神。与布洛陀相关的神话故事和礼仪节日主要流传分布在左江流域、右江流域、红水河流域等地的壮侗语系少数民族聚居地。作为壮族文化的核心符号之一，布洛陀是壮族文化有别于其他民族文化的显要特征。史料记载的布洛陀神秘且复杂，身份变化多样，以不同的形象展现在不同的故事中，本质上所有故事都将布洛陀这一形象指向壮族文化中的人文始祖。2006年，《布洛陀》以民间文学的类别被列入第一批国家级非物质文化遗产代表性项目名录。广西壮族自治区百色市田阳区敢壮山作为壮族最早、规模最大的歌圩发源地，每年农历三月初七至初九都会举办盛大的歌圩祭拜壮族始祖布洛陀。根据当地记载，早在唐宋时期，便有群众自发前往敢壮山半山腰修建祖公祠祭拜布洛陀。

　　文化记忆，指一个民族或国家在文化层面的集体记忆。在哈布瓦赫的集体记忆理论中，文化记忆的内容通

旧时群众自发修建的祖公祠

常是一个社会群体共同拥有的过去，既包括传说中的神话时代，也包括有据可查的信史。文化记忆通过讲述、聆听、表演和观看等，对过去得到的原始经验进行动态重建，以连接记忆主体的过去、现在和未来。在记忆交流、传递的形式上，文化记忆依靠的是有组织的、公共性的集体交流，其传承方式可分为"与仪式相关的"和"与文字相关的"两大类别。文化记忆通过提供身份认同，强化集体形象，构造群体意识，同时推动自身文化不断持续发展。

敢壮山布洛陀祭祀大典

歌圩，在壮语中指在山坡上会歌，是壮族民间传统文化活动之一。壮族的歌圩文化源自原始时期祭祀性的歌舞活动，后随着社会氏族的发展，歌圩文化除带有祭祀祖先神灵的"娱神"性质外，还发展出"赛歌赏歌""倚歌择配"的"娱人"特色。随着考古遗址的发掘，广西壮族自治区百色市田阳区被认为是壮族人文始祖布洛陀的发祥地，敢壮山则被认为是布洛陀文化圣山。根据民间传说，每年的农历二月十九是布洛陀的生日，因此自农历二月十九开始至三月初九，田阳地区及周边的壮族群众会自发带上香火供品，前往敢壮山祭拜布洛陀，久而久之便形成了广西最古老、规模最大的歌圩。

在田阳区政府的组织下，第一届布洛陀祭祀大典于敢壮山成功举办。大典仪式举办期间，田阳区及周边群众自发前往敢壮山，在姆娘岩、祖公祠前烧香祭拜布洛陀和姆六甲，开展击鼓、歌圩、舞狮、鸣炮、唱《敬酒布洛陀》歌等祭祀活动。以2017年敢壮山布洛陀祭祀大典为例，大典仪式共有以下仪程，依次为：击鼓开堂，吹牛角号、升祖公旗，鸣炮、舞龙舞狮，进高香，主祭进香，向始祖三鞠躬，宣读祭文，开祭进供，进香进供品，撤供品，祭祀大典结束；其间有铜鼓奏乐、鸣炮、唢呐奏乐、全场唱《敬酒布洛陀》歌等20多个环节。大家在主持人的引领下有条不紊地进行庄重的祭典，前来敢壮山上香的群众络绎不绝，祭祀广场上人山人海，歌舞喧天。

在德国历史学家扬·阿斯曼的文化记忆理论中，仪式在族群文化记忆中具备凝聚和表象功能。一方面，仪式以集体的名义将部落或族群成员聚集到一起，通过共同举办集体活动加强成员的相互交流，促进身份认同，使其产生对集体的归属感，增强团结性；另一方面，仪式通过相应的仪式程序和行为，按照节日的周期在具体的地点不断重复上演，"原原

田阳区政府新修建的布洛陀大殿

敢壮山布洛陀朝拜广场

本本地把曾经有过的秩序加以重现"，表达集体的回忆、身份、价值，成员的群体认同在不断反复呈现的仪式中得到表达和强化。布洛陀祭祀大典正是借助仪式这一文化记忆重要具象媒介，在对布洛陀的祭祀中表达壮族文化记忆的内涵，同时强化壮乡子女的民族认同和文化认同。

民间故事中的布洛陀

《布洛陀史诗》（以下简称史诗）是布洛陀文化的核心内容，它与布洛陀神话、布洛陀民间信仰、布洛陀歌谣共同组成布洛陀文化体系，内涵丰富，形式多样。史诗作为壮族先民借以拟想、创造和再造他们的过去，以把过去和他们身处的现在连接在一起的各种方法与文化发展理路，是壮族先民文化记忆保存流传的重要形式之一。史诗是围绕布洛陀民间信仰的各类仪式集体创作的诗篇，它用12个章节记述了在壮族先民记忆里的"真实宇宙"中，布洛陀如何率领各路神仙开天辟地、创造万物、安排秩序、管理社会，虚构的神话世界中蕴含着壮族先民从原始时期向封建时期转变发展的重要历史信息，包含着封建时期西南地区政治制度、经济水平等历史细节。

Noh luengz yaeg dauq laj

　　　　铜水慢慢往下沉

Cuq sieg luengz daih'it

　　　　炼出铜水第一瓢

Cuq gueg inq ganj biengz

　　　　造出官印治百姓

Cuq sieg luengz daihngih

　　　　炼出铜水第二瓢

Cuq gueg gyong ganj gyog

　　　　铸成铜鼓管部族

　　　　　　——《造铜器》

　　《造铜器》讲述壮族先民如何发现并利用铜矿冶炼出官印、铜鼓、铜钱等铜制品以丰富社会生活，满足管理部族、促进贸易、提高生活水平的需要，诗篇中出现的青铜器与壮族前身骆越部落的青铜文化息息相关。生活在西南地区的骆越部落是最早铸造和使用铜鼓的民族，其青铜铸造技艺在秦汉时期已经达到了相当高的水平。在骆越部落中，铜鼓一般为权贵阶层所有，成为其权力、地位和财富的标志器物。《隋书·地理志》也曾记载，壮族部族权贵者以铜鼓号令部族民众，"有鼓者号为都老，群情推服"。同时，在祭祀文化浓厚的骆越部落，铜鼓也被用于各类祭祀活动，激扬厚重的铜鼓起到统一歌舞节奏的

作用。花山岩画上以铜鼓为中心、骆越人环绕四周进行舞蹈的画面，便是骆越先民进行重大祭祀仪式的反映记录。进入隋唐时期，铜鼓不再为权贵者所专有，财力丰厚的家庭也会选择铸造铜鼓以彰显自身财力，铜鼓作为身份象征的重器、祭祀通灵的神器、舞乐伴奏的乐器，一直随着壮族的发展世代传承下来，成为壮族文化中一颗璀璨的明珠。

Dwz bae ung gueg ceh

　　　　谷子浸泡备做种

Dwz ma ceh gueg faenz

　　　　种子浸过再催芽

Ngoenz saen dwz bae biuq

　　　　种子发芽拿去播

Dwz bae biuq doengh naz

　　　　长成秧苗齐刷刷

Dwz bae ndaem gyang doengh

　　　　秧苗移栽稻田中

Caet nyied haeux caeux fanz

　　　　七月稻谷就抽穗

Cwz dan haeux caeux fag

　　　　收割时节就饱满

　　　　　　——《稻作之源》

　　考古发现，水稻的重要原产地在中国南方，珠江流域和长江流域的远古先民率先将野生稻驯化成人工稻

进行种植。生活在西南地区的壮族先民也是最早种植水稻的民族之一。壮族聚居地大多位于亚热带地区，水热充沛、光照充足、水源丰富，适合野生稻和人工栽培稻的生长。西南地区的平原和河谷地区为壮族先民们提供了开辟水田的空间条件。早在一万年以前，壮族先民就已掌握将野生稻驯化为人工栽培稻的技术，开始种植水稻。到了春秋战国以至秦汉时期，随着青铜器与铁器等新型农具的使用和耕种生产技术的进步，壮族地区的稻作农业无论是在耕种面积还是耕种技术方面，都得到巨大的发展，逐步形成了以稻田为载体，水稻耕种技术及相关信仰为核心的稻作文化体系。水稻可以说是壮族文化中不可或缺的一部分，因此对于吃的稻米从哪里来、怎么来的回忆成为壮族部落始终要牢记的记忆。

对此，《稻作之源》以诗歌为体裁将其娓娓道来，讲述了壮族先民"无稻—布洛陀赐稻—稻子被动物偷走—寻稻—驯稻—种稻"的历程，过程惊险刺激，结果皆大欢喜，反映出壮族先民在历史中与鸟类、老鼠等食谷动物争夺野生稻进行人工驯化的艰辛历程。同时从诗篇中对于种植水稻的描述也可窥见，早在原始时期壮族先民就已掌握成熟的水稻种植技术，学会利用天时来选择播种日期。《稻作之源》背后，是壮族先民在长期社会生产生活中认识自然、利用自然、改造自然的文化记忆。

除此之外，史诗还保存了大量对壮族先民渔猎、稻作饲养、婚姻丧嫁等事件的描述，带有浓厚的少数民族特色，是研究壮族民族历史的宝贵资料。史诗当中，世界由一蛋分裂成三块，构成天界、人界和水界三界，天上由雷王掌管，人间由布洛陀掌管，水界由图额掌管。一蛋化三清构成世界的大胆叙事是早期壮族先民鸟崇拜留下的痕迹，而雷王、布洛陀和图额互为兄弟又分管三界的设定体现出壮族先民对雷电、雨水等自然现象的原始崇拜。《造万物》叙述了壮族先民生火、造房子、开辟菜园的经过，反映了壮族社会不断进步的历史。唱经中，牛、马、猪、狗等动物被创造出来后，被人们从野外带回部落饲养，这是先民们对原始时期早期畜牧业的朦胧记忆。同时，《寻水经》记叙先民们在布洛陀的指引下寻找水源，缓解旱灾的故事，这是壮族先民们在与自然抗争中运用自身智慧求得生存的真实写照，也是他们由此形成傍水而居的居住习惯的远古追忆。

《文化记忆：早期高级文化中的文字、回忆和政治身份》中提到，文化记忆是记忆外在维度的表达呈现，文字作为文化记忆的典型外化形式，是基于文字语言和书写的文化记忆活动。人们通过文字感知、认识世界，文字文本将记忆以物化的形式保存下来，令过往与当下并行，使文化记忆得以跨越时空界限于时间长河中不断得以保存。仪式则借助不断的定期重复与再现，营造出唤醒文化记忆的空间，巩固、纪念了文化群体共同的知识与回忆。基于仪式的完成，人们在共同参与的仪式与节日中同祖先进行跨越时空的"对话"，使族群记忆得以在现在被不断提起、回忆、传递。史诗与敢壮山布洛陀祭祀大典作为布洛陀文化的储存、传播媒介，是以人文始祖符号为核心的布洛陀文化的重要组成部分，二者作为一种重要的文化记忆，反映了一定历史时期壮族人民的族群认同。

（本文系首都师范大学学生科研立项"西南地区古骆越文化遗产、族群记忆及文化交流探析"阶段性成果）

书画园地

刘国平/书画作品

浅谈自信

李富国

由中共中央宣传部、中央广播电视总台联合制作的专题片《平"语"近人——习近平喜欢的典故》（第二季）在中央电视台播出后，像一阵春风吹遍祖国大地，爱读书、善读书、读好书蔚然成风。通过学习这本视频书，我对自信有了更深的理解和认识。

自信是引领我们前行的方向和动力

我们之所以要树立自信，是因为自信既是方向标又是能量槽。习近平总书记在这本视频书第236页强调，我们要有"自信人生二百年，会当水击三千里"的精神和勇气。这两句诗出自毛主席的《七古·残句》。短短两句诗，体现了伟人的豪迈和自信。正是这份自信，领导了恢宏的中国革命，从黑暗走向光明，从弱小走向强大，中华民族迎来了从站起来、富起来到强起来的伟大飞跃。而今天，我们面临百年未有之大变局，更需要这份自信来指引复兴伟业的成功。

自信是支撑中华民族的脊梁和血脉

中华民族之所以自信，是因为我们从骨子里就流淌着自信的血脉。习近平总书记在这本视频书第244页讲道："四十载惊涛拍岸，九万里风鹏正举。"他引用的"九万里风鹏正举"，出自宋代著名女词人李清照的词。在战乱的颠沛流离中，李清照仍然表达了美好梦想和坚定自信。而我们今天能自信，既有中华民族优良传统一脉相传的因素，更有中国共产党能、马克思主义行、中国特色社会主义好的决定性因素。支撑自信的基石，其实就是我们"四个自信"的内容，自信源自中国特色社会主义道路、理论、制度和文化。而这种自信，就是中华民族伟大复兴的底气。

自信是我们守正创新的执着和追求

习近平总书记在这本视频书中，为我们提升文化自信提供了三个努力维度。即弘扬中华优秀传统文化、继承革命文化、发展社会主义先进文化。这三种文化一脉相传，在传承中要守正创新。在弘扬中华优秀传统文化中，北京中轴线的申遗就是很好的例证。在申遗过程中，挖掘中轴线背后中华文明的价值，唤醒人们保护遗产、传承文化的意识和自觉。另外，北京市丰台区老干部晓月诗社运用诗词文化的内在魅力，歌颂伟大的时代、歌颂丰台区的发展与变化、歌颂美好生活，争做政治明白老人、社会有用老人、生活时尚老人，在弘扬诗词文化过程中，既焕发了青春，又活出了老年人的精彩。

总之，弘扬中华优秀传统文化，坚定文化自信，我们必须行动起来。让我们插上文化自信的翅膀，为全面推进中国式现代化、实现中华民族伟大复兴的中国梦贡献智慧和力量。

最后，以四句话共勉：

自信经典寓意深，
中华文化一脉承。
似灯照亮前行路，
如魂唤醒民族兴。

书是我行走的双腿

小林子

"我们生而破碎，用书籍修补自己。"这是我在翻阅《守望先锋》的一页时，偶然读到的一句话。它像是一束微光，照进了我的世界——一个因失去双腿而变得静谧与暗淡的空间。

18岁那年，我因为一场意外而失去了双腿，从此，我的人生只能在轮椅上度过。从那一刻起，我的生活仿佛被按下了暂停键。我无法像往昔一样，感受脚踏实地的稳重，无法追逐风轻云淡的自由。然而，正当我以为余生只能在轮椅上度过时，书籍，它们默默地成了我的双腿，带我遨游在无垠的知识海洋里，带我领略万千世界的色彩。

记得我最开始接触的书籍，是一本破旧的《简·爱》。在那个冷清的午后，窗外的阳光透过密密的树叶，斑驳地洒在我的书桌上。泛黄的书页中，简·爱的坎坷经历和坚忍品格跃然纸上。她那句"我渴望自由，渴望工作，渴望独立"，仿佛是在对我说。她的不屈不挠、坚持自我，在无形中给了我勇气和力量。即使身体受限，我的灵魂却可以像她一样自由翱翔。

随后的日子里，书籍成了我最忠实的伴侣。《活着》让我感受到生命的顽强与悲壮；《百年孤独》带我穿越时空，见证了一个家族的兴衰历程；《海边的卡夫卡》则让我沉浸在村上春树笔下的奇幻世界中……每一本书都像是一双鞋，让我踏遍精神与物质的每一个角落；每一本书都像是一双翅膀，让我翱翔到我想要抵达的任何一个地方。

在阅读《追风筝的人》时，那句"为你千千万万遍"触动了我心底最柔软的部分。那是对友谊最深的誓言，也是对自己作出的坚定承诺。我开始明白，即使生活给予我残酷的打击，也要勇敢地追寻自己的风筝，哪怕前路遥远，也绝不放弃。

书籍不仅带我走进了一个个精彩的故事世界，还教会了我如何面对现实。在《霍金传》中，我看到了斯蒂芬·霍金对抗病魔、坚持科研事业的坚毅；在《三体》中，我体会到了人类文明在宇宙中的渺小与伟大。这些书籍不仅丰富了我的内心世界，也激励着我用自己的方式去探索未知的世界。

如今，我用文字记录下自己的所思所感。每一次转动轮椅，我都能在脑海中翻开新的一页。虽然我的双腿不能带我远行，但我的双手可以书写出我自己的旅程。书中的角色和故事变成了我的朋友，它们没有嘲笑我的不便，反而借给我双翼，让我飞得更高更远。

每当夜深人静，我都会思考那句话："我们生而破碎，用书籍修补自己。"是的，我的身体或许不再完整，但通过阅读，我的精神得到了修复和升华。书籍是我的双腿，不仅带我走出了生活的阴霾，更让我在知识的天空中自由飞翔。

在未来的日子里，我会继续用书籍作为我的双腿，去追寻更多的知识和智慧。我相信，只要心中有书，就没有什么能够阻挡我前进的脚步。我会一直行走在知识的旅途上，用书籍的力量去创造一个属于我自己的精彩世界。

法国依云小镇：湖光山色隐居地

李传云

依云小镇位于法国上萨瓦省，由拿破仑三世赐名。小镇建在宛若一块圆弧形绿宝石的莱芒湖畔，湖的那一头是伏尔泰、拜伦等名人流连驻足的瑞士小镇洛桑；这一头就是以水成名的度假地依云。它是法国鲜花最多的城镇，也是许多人向往的美丽隐居地。

莱芒湖畔的古堡

因水闻名的传奇小镇

依云小镇的大部分建筑是在1870—1913年修筑完成的，市政厅、博彩中心、大教堂等地标性建筑都面朝莱芒湖，是典型的19世纪温泉建筑风格。这里有雄伟的青山、碧绿的湖水、美丽的鲜花、精致的住宅，更拥有让小镇蜚声全球的"水中贵族"——依云天然矿泉水。

阿尔卑斯山风景

大名鼎鼎的依云水，源自阿尔卑斯山。高山融雪和依云镇的山地雨水，在阿尔卑斯山脉腹地经过长达15年之久的天然过滤，以及冰川砂层的矿化之后，就形成了依云矿泉水。

依云水的发现是一个传奇。1789

横穿法国与瑞士的小火车

年夏，法国正处于大革命中，一个法国贵族患上了肾结石。听说喝矿泉水对身体有益，他决定试一试。有一天，当这个贵族散步到附近的依云小镇时，就取了一些源自Cachat（卡查特）绅士花园的泉水。

饮用一段时间后，他惊奇地发现自己的病竟奇迹般地痊愈了。这件奇闻迅速传开，专家们就此专门作了化验分析，发现依云水富含对人体有益的矿物质和抗氧化物质。此后，大量的人涌进了依云小镇，亲自体验依云水的神奇，医生们甚至将它列入了药方。

Cachat绅士决定将他花园内的泉水用篱笆围起来，并开始出售依云水。拿破仑三世（夏尔-路易-拿破仑·波拿巴）及其皇后，对依云小镇的矿泉水更是情有独钟。1864年，拿破仑三世取拉丁文"水"的发音，正式赐名这里为"依云"。

当地也是世界上唯一能免费品尝依云矿泉水的地方。在这座小镇上，一共设有4个公共饮水区，能长期供应镇上的居民免费饮用依云水。每当清晨或黄昏，镇上的居民都会排着长长的队来灌取饮用水。有许多在邻国瑞士居住的人，经常于周末开上一小时的车，来这里取水，灌满能够喝一周的水再离开。

售价不菲的依云矿泉水

在依云小镇上，除了能饮用到免费的天然矿泉水，还可以享受奢华的依云水SPA。在按摩浴缸里，你只管尽情地放松自己，而且还有专业的按摩师会根据你的病痛部位，为你全方位地按摩，服务极其周到。享受着依云水SPA，听着悦耳的轻音乐，顾客很容易彻底放空自己，舒舒服服地睡去。

当地的游泳池也装满了依云天然矿泉水，因此吸引着世界各地众多的游客到这里来嬉戏玩水。据依云镇当地人说，每个婴儿出生后的3～9个月，宝妈们便会带着孩子在装满依云矿泉水的游泳池里游泳，这样不仅有利于宝宝的健康成长，而且对宝妈们产后快速恢复体形也很有效果。

鲜花最多的城镇

在法国，依云小镇被称为"鲜花最多的城镇"。小镇建在湖岸边上，背后的阿尔卑斯山高耸入云。极其灵巧的花匠还把依云小镇装扮得五彩缤纷，满眼鲜花、满目绿意，清冽的空气中飘荡着淡淡的芬芳。

这里风景优美、环境宜人。清晨漫步于莱芒湖畔，能隐约看见远处一

依云皇家花园酒店

依云小镇掠影

鲜花盛开之地

些帆船游艇在慢慢地移动，附近还有天鹅、野鸭在湖边随意地栖息。空气清新、鲜花芬芳，教堂中传来悠长的钟声……如此宁静而美好的环境，令人不舍得离开。

漫步在依云小镇的街头，空气就像是新鲜的冰镇柠檬水沁入心肺，定会让你整个胸腔都弥漫着浓郁的自然气息，心灵最深处也如同有着清澈的泉水流过。

除了水和鲜花，小镇上的另外一个地标，是依云大师高尔夫俱乐部。这个海拔500米的球场建在一片森林地带，拥有18洞72杆，球道长6006米。1994年，第一届依云大师赛在这里举办。

与球场相距3分钟车程的依云皇家花园酒店，则是依云大师赛的指定酒店，它处于一片私家花园的山坡上，外部极具乡村气息。大堂门外一片绿林形似球道，其间藏着3个发球台和果岭。

这座白色建筑坐落在小镇后面的山坡上，山坡下方是一座由参天大树围起来的花园，尽头是开放式泳池，一眼望过去觉得那泳池仿佛要伸出去和湖水连成一片。傍晚时分迎着落日在池中畅游，是一种独特的享受。你可以披着浴袍倚靠在池边的躺椅上，来一杯法式鸡尾酒，欣赏慢慢变化的火烧云，看着它们逐渐和水面连成一片，任阿尔卑斯式的乡村浪漫氛围浓浓地在心田弥漫。

依云，注定是一个与水有着不解之缘的小镇。如今的依云矿泉水已经闻名全球，依云镇75%的财政收入和它息息相关。依云镇有7000多人，至少有10%的居民在水厂里工作。

全世界但凡高档些的消费场所，一定会见到依云水的身影。靠水吃水的依云人对水源地自然是无比珍惜的。依云矿泉水的制造商将水源地周围村庄的居民组织起来，成立了一个协会，由协会出资保护土壤，鼓励植树。法国政府特别规定，依云水源地周边500千米之内，不许有任何人为污染的存在。这些措施，保证了依云矿泉水200多年来的品质和口味基本不变。

依云小镇的另外一个支柱产业便是旅游业，当然也是由于水的缘故。许多人为了一睹依云水故乡的模样，为了感受依云水神奇的SPA疗效，都会来到这个小镇旅游或客居。毫不夸张地说，依云矿泉水养活着整个依云小镇。

生活悠闲的人们

当地人日出而作、日落而息，闲暇时刻浇浇花、遛遛狗、与亲友喝喝咖啡聊聊天，这种远离拥挤、匆忙和喧嚣的生活，优哉游哉，从容宁静。而且依云小镇的居民热情好客，让你

小镇街边

悠然自乐的孩子们

忍不住想要留下来。

生活在镇上的居民幸福感满满，他们说："因为这里实在是太美了，根本不想去别的地方居住。"星星点点独立的小房屋散落在半山腰，色彩鲜亮、小巧精致。正推着割草机的工人看见你的时候，也会将手中的活停下来，亲切地用法语问好。偶尔还能看见早早起来的孩童在偌大的花园里骑自行车，自由自在、无忧无虑，就好像人一出生就应该生活在这样的空间里。

法国人崇尚的是休闲生活。在他们心目中排在第一位的，从来不是赚钱和工作，而是生活，依云镇的居民更是如此。每到节假日的时候，他们都会把家里装扮得好像童话小屋一样，许多的亲朋好友都相聚在一起。小镇中居民的月收入在1万～2.5万元人民币，虽然说湖对岸的瑞士工资比这里高出一倍，但生活在镇上的大多数居民还是选择留在依云小镇，因为他们从不想让生活过得太紧张。

置身于依云小镇，仿佛时间是静止的。即使在镇上唯一的赌场里，你也看不到他们急切的样子。在这里根本就没有浮躁，只有淡定；没有紧张，只有从容；更没有烦恼，只有平和。如果你想摆脱生活中的所有桎梏，过一段幸福的隐居生活，那么依云小镇是最合适不过的选择了。

我为无障碍环境建设进一言

闫根旺

前不久，我看到一则关于北京市丰台区首家志愿服务主题公园正式开园的新闻。新闻说的是，窦珍老人是丰台区右安门翠林三里社区志愿者，自2002年起义务清扫社区过街天桥——连心桥10多年。为了传承志愿服务精神，纪念和缅怀窦珍老人，北京市、丰台区委相关负责人为窦珍老人雕塑揭幕，并以此为契机将丰宜公园着力打造成辖区内首家志愿服务主题公园。

公园在原有设施的基础上，将社会主义核心价值观、志愿服务精神充分融合，对广场内容和景观进行了丰富和提升。窦珍老人雕塑、事迹浮雕墙、互动廊架和志愿服务林相互辉映，形成了"一条路，一处景，一片林，一座园"的景观结构。公园将成为丰台区开展志愿服务活动的场所。在感佩其寓教于乐的创意的同时，我也从丰台区首家志愿服务主题公园正式开园的新闻中得到启示：针对贯彻《中华人民共和国无障碍环境建设

法》，是否也可以采取主题公园的形式进行常态化宣传？

记得我在一本杂志上看到过一篇介绍建设盲人花园的文章。这座花园在设计上充分考虑到盲人的生理特点，在整个花园中栽种了大量能发出"奇香"和"怪味"的花草树木，让盲人在对花香的嗅闻中度过快乐时光。并培植拥有特殊形状或长有粗大叶脉的植物，让盲人在抚摸中感受到"绿"的魅力。同时在主要的花草树木旁立有"标示"牌，上面印有盲文简介，使盲人在抚摸诵读中，增长相关花卉草木的知识。花园还充分考虑到盲人的"参观"需求，将花卉集中摆放在行人来往方便的地方，让盲人凭着敏锐的嗅觉、听觉和触觉，在对花香、鸟鸣和花形的感触中，增强其对大自然和生命的热爱。

我们在设立无障碍环境建设主题公园时，可以借鉴丰台区志愿服务主题公园的创意和盲人花园的思路，采取沉浸式和场景式体验的方式，将党

和国家对无障碍环境建设的法律法规、发展历史、无障碍设施、无障碍环境建设标准等常识性知识以最直观的方式呈现在社会大众面前。一方面，可以让无障碍设施系统性地走进大众生活，不仅能扩大公园无障碍环境的知名度，也能让群众在亲近自然和休闲游憩中随时随地感受到无障碍环境建设的温度；另一方面，主题公园化身宣讲无障碍环境建设的课堂，成为宣传、展示和帮助群众了解无障碍环境建设的一扇窗口，让群众在潜移默化中了解无障碍环境建设知识，有利于无障碍环境建设更广泛地传播。

无障碍环境建设是全社会的事儿，需要全社会共同关注、共同参与、共同发力。我们应该打造更多更好，且形式多样的宣传阵地，讲好关于无障碍环境建设的事儿。要以全方位宣传贯彻落实《中华人民共和国无障碍环境建设法》为抓手，以法护航，推动全体社会成员平等参与社会生活、共享经济社会发展成果。持续优化无障碍服务，"有爱无碍"惠及全民，着力让更多人的生活因"无障碍"而美好。

夜莺在歌唱

王近松

街灯和月亮仿佛是一个计时器，记录着酒后晕晕乎乎的时光。

麦客、王涛和我在街上，电动车向前走，风往后吹，无数次在电影中看到的场景，在我身上上演。云南省昆明市不缺酒和灯光，这里最让我难以入睡的是孤独感。

与麦客在南屏街见完家乡人，打车到昆明学院找王涛。麦客走在前面，或许是因为灯光，我和他之间总隔着一个影子。在昆明学院对面的巷子里，我们遇到了王涛和另外几位朋友，尽管是凌晨，相见那一刻，也显得喜悦。

反倒是我，站在凌晨的街道上，耀眼的灯光让我感到不自然。

几位朋友见面后，去了附近一家酒吧。麦客不时和他们聊工作和生活，隔壁的卡座，不时有人离开，又有人悄然坐下，演绎着一出出流动的盛宴。王涛和老表们（注：老表为江西等地的方言，最初用来指代表兄弟或表姐妹的亲属关系，现也用来表示"老乡"）坐在对面，一句多余的话都没有。

后来我才知道，王涛老表，因为他的父亲长年累月在外赌博，将房产抵押，母亲精神失常，他们很长一段时间都过得比较郁闷。酒吧，似乎成了一种精神寄托。

在这个世界上，每个人都有自己的版图，双脚走过的路多多少少有一些磕磕绊绊，或者说在路上行走，没有不绊脚的石头。

古人写"人有悲欢离合，月有阴晴圆缺"。夜里的月亮有时被乌云盖住，但总有跳出来的时候，命运同样也给我们设置了困境。人每走过一个困境，都会发现，道路并没有想象中那般难。

从酒吧出来，每一分钟都在变成过去时。我们谈论的每一件事，每往前走一步，都已变成过往。

车在路上行走，不时遇到减速带，稍不注意，车辆会被抬高，内心多少有一些余悸。我想，一条路如果没有弯，肯定容易使人疲倦。

冬天的昆明，到了后半夜，也会让人感觉到凉。

我们穿着单薄的衣服，在路上与风对抗。我不知道要用怎样的话语去描述当时的场景。在夜里独行，难免会毛骨悚然，而三个人在夜里行走，便毫无畏惧。

这样的情景，让我想起五六岁时在外婆家，房前屋后被高大的树包围，听到夜莺在夜里歌唱，就不敢出门。

此刻，我听到夜莺在夜里活动，内心的定义就是在歌唱。尽管看不清树上有几只夜莺，而我内心对夜莺的描写，远远超过那些在树上歌唱的夜莺。

无论生活在哪里，喧嚣多了，就会特别享受深夜的安静。风吹着身子是凉飕飕的，我内心却得到了安慰。

将麦客送回单位，我和王涛骑车在路上，偶尔聊几句家常，没有光的地方，风将那些黑色的物质全部抛向我们。回到高峣，月亮被电缆拴着，风吹着竹子，就发出一些声响，像极了时光机。

很多年没见过这样的景象了，高峣的任何人在夜里回家都是归客，就连夜里飞行的蚊子也是。我躺在床上，写睡前故事，凌晨的灯光最亮。

村子里，夜莺不时为"我"歌唱。麦客说："我们脚下沾有多少泥土，心中就沉淀有多少真情。"最能让我深思熟虑的，莫过于站在地上的人和刨开大地的人，终有一天，又有人在地上刨开一个位置，将我们的肉身埋下。

真正干瘪的不是时间，只是我们为了安慰自己，以一种柔情的方式，让自己继续思考罢了。在平凡人的身上，拼搏和付出如此高尚，并值得尊重。这一生，还有很多的事，也可以说无数的平凡人在创造和改变的事，正在一步步地让我认识生活。

很多时候不要说一件事情有多难或者是无法做到，只要下决心去做，内心的意识和人性就会使你不断超越那些你原本认为不可逾越的鸿沟。

夜里的灯盏是橙色的，照在路面和我们身上是温暖的。

庆幸，夜莺在歌唱，我们在行走。我不知道那夜莺是不是第一次伸展歌喉，我只知道，在夜里行走，每走一步，离明天就会更近一步。

诗苑抒怀

七律·走进初秋

王新国

走进初秋遍地诗，
朔风伴我赏花痴。
暑天散尽烦愁律，
蝉叫声残叶最知。
仰望玉泉山邃远，
低头阶下水流怡。
一帘美梦牵情意，
纵目凭栏韵好词。

父亲的几句话

刘新光

父亲离开我已经11年了。一直以来，我都想写一篇怀念他的文章，却一拖再拖，至今没有动笔。每次春节和清明走到坟前，我注视父亲的墓碑，把自己想说的话默想一遍，算是对父亲的汇报。然后想，爸爸啊，你想对我说点什么呢。蓦然意识到，父亲去世都那么久了，还能说什么。上次清明节去扫墓，再次看着父亲的墓碑，突然想起父亲常说的、我从小到大时常听过的那几句话，我才意识到，其实父亲每次都给我讲了话。

种得春风，才有夏雨

父亲终身务农，最高的职务就是生产队队长。队长职务虽低，却要操心全队百十号人的生计。为了让大家日子过得好一点，他起早贪黑，带领村民辛勤劳动，农忙时节精耕细作，农闲时节造田修渠，办养猪场，养水库鱼，主业副业一起抓，一年下来，全组人均收入在全大队最高。青黄不接的时节，我们生产队还有余粮借给附近的村民。有一年冬天，父亲在人民公社受到表彰，戴回来一朵用整块红丝绸做的大红花，在童年的我看来，这已经是很高的奖励和荣誉了。一年之计在于春，一生之计在于勤。换成父亲的话就是，种得春风才有夏雨，有付出才会有回报。父亲与善于持家的母亲一起，靠自己勤劳的双手，养大我们姐妹兄弟四人，让我们在困难的时代里从未受过饥寒之苦，仅从这点来说，就殊为不易。而我也从父亲的言行里受到教育，从小便懂得有付出才有回报的道理，认认真真学习，勤勤恳恳工作，踏踏实实生活，坦坦荡荡做人，终于也小有所成。

井水舀不干，力气用不尽

农村实行联产承包责任制后，农户开始了单干。父亲作为种田的行家里手，把家里农活安排得井井有条。一些劳力少、又缺乏种田经验的乡亲经常向他请教和求援，他总是毫无保留、尽己所能地提供帮助。"双抢"时节，忙完自家的农活，帮这家犁田，替那家插秧，有时还叫上我们一起去帮忙。每当我们不乐意时，他就会说，井水舀不干，力气用不尽，多做点事没什么。父亲把自己当成汩汩而流的井水，无私地帮助他人，赢得了乡亲们的尊敬。而我受父亲的影响，从小便晓得要乐于助人，在日后的学习工作和生活中，只要别人需要我提供帮助，我总是尽己所能给予支持，把帮助处室修改材料、审核把关文件当作办公室服务工作的重要内容，得到了同事和领导的认可。

人待人是无价之宝

父亲所说的"人待人是无价之宝"，意思是讲人们彼此真诚相待最为珍贵。他常常这么说，也是这么做的。不管是对待熟悉的乡邻还是陌生人，他都做到了真诚无妄，设身处地为他人着想，从无半点儿虚伪之心。有年冬天，一个陌生人冒称我同学到我家，父母亲信以为真，热情地招待他食宿，第二天，这个人吃了早饭就走了。过段时间我回家才知道此事，提醒他们别再上当受骗。父亲却说，人待人是无价之

宝。也许那位疑似骗子的人被我父母亲的真诚感化了，并没有骗两位老人的钱财。真诚对待他人，让我不论是在学校还是在工作单位，与周围的同学、同事都能友好相处，自己也从中受益匪浅。

行得端，坐得正

父亲只读了初级小学，文化虽然不高，但他却不迷信。他说，行得端，坐得正，妖魔鬼怪都不怕，并用谚语"为人不做亏心事，半夜敲门心不惊"来教育我们。虽然话语不多，但父亲坐有坐相，站有站姿，高大硬朗的身材总给人一种不怒自威、一身正气的感觉。我参加工作后，他在询问我工作情况之余，总不忘提醒我要听领导的话，行得端、坐得正，不做违法违心之事。父亲不会讲什么勤政廉政的话，但他用质朴的话语告诉我为人处世的道理。我遵循父亲的教导，在多年从事办公室工作的实践中，也悟出了一些体会。比如关于办公室人员的修养，我提炼的观点就是"办事勤勉，公道正派，室有书香"，做事勤勉负责，做人公道正派，修身好学而有书卷之气，我的微信签名是"拓展微世界，传播正能量"，这些都少不了父亲的影响。

家和万事兴

印象中，父亲是一个脾气极好的人，很少见他发脾气，更别说打骂孩子了。他与母亲相处50多年，夫妻间也极少争吵。他用自己的行动告诉子女"家和万事兴"的道理。不管是当生产队长，还是当一家之长，父亲都用他的宽厚仁慈感染着身边的人，营造着团结奋进的氛围。我所在的生产队，自从我考上大学后，陆陆续续考上大学的有十几个，人们都夸我家屋场的风水好，我们组里风水好。其实现在看来，所谓有福之人居福地，风水随人，要的就是一团和气。家庭和睦万事兴旺，邻里和睦百事顺就。母亲也是如此，她到一个地方住上一段时间，与周围邻居都会熟络并相处得很好。我们几个孩子的家庭也秉承

了这种家风，虽然算不上很富裕，但都和睦温馨，兄弟姐妹互爱互助，让80岁的母亲安享晚年。而我不管是在家里还是在工作单位，都能很好地融入周围的环境或者团队，与所在部门的领导和同事都相处得很好。这其实也是"家和万事兴"这种理念潜移默化的影响。

父亲于2005年冬天，在得知我将调入省城工作的消息不久后就离世了。他没能到我长沙的家来享几天福，是我最大的遗憾。多少个夜晚，我时常回忆起父亲，总觉得父亲离开得太早，自己尽孝不够——尽管父亲也活到了77岁。我经常回忆和咀嚼父亲那些质朴的话语，那些无字的家训与家风，早已融入了我的血脉，并且会继续传承下去。

纸剪情深

孙学铭/剪纸作品

母亲的手

张艳军

我回家的次数少，这是我心中的痛；而每次回家，母亲都会做一桌好吃的饭菜，像待亲戚一样接待我们。仿佛我们的回去，不是去看望母亲，而是对母亲的恩赐，这更让我痛上加痛。

母亲打心眼里盼着我们回家，盼着和我们坐在一起，说话唠嗑，吃顿团圆饭。母亲高兴给我们做饭，但每次做饭前，母亲又总是顾虑重重，尤其是用手和面时，母亲更会面露难色，或者说是愧色。母亲不好意思地说："看我这手，都洗了好几遍了，就是洗不干净。做了饭，怕你们不吃。"说着，母亲把手伸到我们面前。

这是我第一次这样仔细地看母亲的手。母亲的手已经老了，已经老得不成样子。手掌和手背都高高地肿起，把本该有的皱纹，都拉平拉直了，就像母亲亲手蒸出的馒头；五根手指就像五根干瘪的枯树枝，黝黑、粗糙、弯曲，没有一点儿美感；手指骨节处裂开了一道道的口子，像张

着的嘴，吃进了很多的沙子，消化不了，堆积在肉里，再也洗不下去。

我常想，我的母亲天生就应该是个庄稼人。她的宽大的脚板，厚实的手掌，都是为土地而生的。母亲不习惯城市，城里的路太硬了，楼太高了，车也太多了。在城里，母亲总会被硌疼了脚，总会迷失了方向，总会找不着回家的路；在城里，母亲会手足无措。可是一旦回到农村，母亲无论做什么，都会觉得顺心顺手。她的脚板可以轻巧地走田间小路，她的手可以随意抚摸地里的每一株庄稼，她的心容易满足于收获后的简单快乐。

每年春节过后，日子还没有走出正月，母亲便开始了一年的劳作，或者说，一年的劳作开始了。母亲端来一簸箕花生，坐在正屋靠窗下面的一个小凳上。早春的阳光总是很好，透过窗户，落在母亲的身上，暖烘烘的，像给母亲穿上了一件花棉袄。母亲开始剥花生。这是本地特有的一种小花生，个头小，果仁儿瓷实，和花

生皮之间几乎没有缝儿，摇一摇，没有"哗啦、哗啦"的响动，剥起来，也没有"嘎巴、嘎巴"的脆声。这种花生不好剥。我曾陪母亲剥过，但没多会儿，手指肚儿就受不了了，生疼生疼的，而且还起了一个白色的小肿包。到了晚上，躺在被窝里，手指肚儿还一胀一胀的，火辣辣地疼，好像里面的血液都沸腾了，要溢出来。而母亲则很平静，不慌不忙，一粒一粒地剥着，脸上还含着浅浅的笑，好像眼前这一簸箕花生种子，早已变成了千千万万颗花生，把我们的西屋都盛满了。家里有十几亩的空闲地，而这十几亩地的花生种子几乎都是母亲一个人剥的。我不知道，这要花费母亲多少个日日夜夜，又有多少个夜晚让母亲辗转难眠。但我知道，在这些寂寞的日子里，母亲的手，会由疼变麻，由麻又疼，最后，直至老茧丛生。

在母亲的生活日记里，没有"闲"这个字眼。地都种好了，庄稼也长壮实了，偶尔遗漏下来的草此时也成不了气候了，这时母亲开始守在家里，忙些家务活。母亲搬过一床被子，铺在炕上，把线头挑断，抽出来，再把里面的棉套掏出来，叠得方方正正，放在炕头。然后，母亲又把

被面褥单洗得干干净净，晒在院子里的铁丝上。花花绿绿的布面随风飘荡，很是好看。夏天的太阳不一会儿就把被面褥单全晒干了。母亲收回来，拉平抻直，又重新铺在炕上，把棉套放好。母亲看到有一个角，棉花已经被我蹬踏没了，于是，从里屋的箱子里抱出一抱雪白的新棉花，给我续上。所以，我盖的被子从来都是家里最暖和的。母亲一只手持针，另一只手拿线，把线放在嘴里抿一下，又用手捻一捻。母亲纫好针，一只手垫在被子底下，另一只手则开始了穿针引线。母亲做的被子针脚很密，很匀称，像用尺子量过一样。我从没见过母亲被针扎到手，母亲对于针线活已经驾轻就熟。母亲还会做许多针线活，我们穿的棉衣棉裤，还有我们背的新书包，都是母亲做的。母亲缝一会儿，停下来，把针在头上抹一下，缝一会儿，停下来，又在头上抹一下。母亲每在头上抹一下，我就仿佛看到母亲满头的黑发里，有一根被无辜地抹成了白发。

母亲常说，她最怕的，就是没事可做，那样，她会觉得浑身不自在。所以，母亲最开心的日子，从来都是家里最忙的时候。母亲还说，如果

地里的庄稼永远也收不完，那该有多好啊。母亲每每说这话，像极了小孩子，眼里闪烁着光芒。其实，母亲的心愿就是这么简单，地里的庄稼越多越好，手里的活儿越忙越好。

母亲在开春剥的那些花生种子，终于结出了成千上万的子孙，都藏在泥土里，就像一群小鸡雏，等待着破壳而出。父亲吆喝着牲口，在前面犁花生，母亲则在后面捡拾花生秧。起初，母亲蹲着，把花生秧从沙土里提起来，再把上面的土抖搂干净，露出一嘟噜一嘟噜的花生来。秋日的阳光下，花生像被水洗过一样，白花花的，很是喜人。后来，母亲干脆跪着，跪爬着捡。母亲把花生秧放到一边，又用手把沙土翻捡个遍，把落在里面的花生一个一个地找出来。母亲不允许一粒粮食被丢在地里。秋天的风很干很硬，像锋利的纸，母亲的手被拉出了一道道的口子，母亲这时什么也顾不得。母亲说，沙土是最好的止血药，拉了口子，放一点上去，就不疼了。所以，每年大秋完成，母亲的手上总是伤痕累累。

大秋忙完了，母亲却闲不下手来，马不停蹄地又领着我去拾柴火。那时，村子里有成片的梨树林，深秋时节，梨树叶厚厚地铺满了一地。拾柴火大多是母亲的事，我则跑到一边，去摘被丢在树上的梨。每年冬天，母亲都会用拾来的柴火，填满灶膛。这时，我就会趴在被烧得热乎乎的炕头上，好奇地看着灶膛里欢蹦乱跳的火苗映在墙上跳动的影子。有时，母亲还会往灶膛里扔两块红薯，不一会儿，满屋子都会弥漫着烤红薯的香味，叫人唇齿生津。

到了冬天，刀枪入库，马放南山，本应是一个休闲放松的季节。然而，对于母亲来说，却依然闲不下来。作为一个家庭主妇，眼看就要过年了，母亲总会千方百计，用她勤劳的双手，让我们过上一个快快乐乐的春节。母亲会做许多面食，而且每种面食都花样翻新。蒸好的白面馒头，上面用红颜料点一个大大的红点，叫作"红灯"，预示着红红火火；蒸好的花卷呈散开的花瓣形，花瓣的正中放上一个大红枣，预示着甜甜美美；蒸出的薄皮大馅的豆沙包，长条形，预示着长长久久。母亲没有文化，但却有一双灵巧的手。母亲做出的每一件事，每一件东西，无不完美地诠释着喜庆，演绎着幸福。

在我的印象里，母亲从来没有打

过我。即使在我做错了事，或者学习不好的时候，母亲也只是说说而已。母亲的手，只会劳动，其他的，似乎都忘记了。而那时，不懂事的我，却常常以冷眼相对，白眼珠多，黑眼珠少。母亲每次看到我那副德行，都会默默地离开。直到有一天，我读了胡适先生的《我的母亲》，看到那里的一段文字："世间最可恶的事莫如一张生气的脸；世间最下流的事莫如把一张生气的脸摆给旁人看。"这段文字让我触目惊心。我深深地感

觉到，我当时的行径是多么卑劣，而我卑劣的行径又是多么严重地伤害了我的母亲；母亲又有多少回偷偷地躲在暗处，用已显苍老的手擦去眼角伤心的泪。

母亲真的老了，母亲的手真的老得不成样子了。而母亲却用一双勤劳的手，支撑起一个家，呵护着这个家，温暖着一家人！

妈，您做的饭真好吃，您做的饭，吃着才有地地道道的庄稼味儿。

摄影天地

张爱群/摄影作品

"心羽家园"创始人：2000个孩子的"临时妈妈"

张东亮

外出求医人生地不熟，感觉没依靠？贫困家庭为了省钱，晚上只能睡在医院走廊上？陕西省西安市下岗女工常向阳创建的爱心家园，专门向病患家庭免费提供食宿，还帮忙照顾孩子。6年来，"心羽家园"从不打烊，已经帮2000个困难家庭渡过难关。最初曾被人怀疑成"骗子"的常大姐，也登上了2023年"中国好人榜"。生活并不富裕的她，为何要花光全家人的积蓄，给陌生孩子们当"临时妈妈"呢？

下岗女工心存大爱，
为困难患儿建一个"家"

1971年，常向阳出生于西安市。她父亲退休前一直热衷于公益，经常向困难群众捐款捐物。20世纪80年代，常向阳随父亲到陕西省蓝田县的小山村扶贫，曾亲眼看见一家四口轮流穿一条裤子。离开前，父亲偷偷将10元钱塞在那家人黑乎乎的被褥下。那时，他每月的工资也不过40元。在这种与人为善的家风的滋养下，常

向阳打小就是热心肠。

2000年下岗后，常向阳做过柜台销售员、饭店服务员，也干过小生意，但无论自己的处境如何，她都坚持参与社会志愿者活动。

2017年7月，常向阳到西安市儿童医院做公益时，看到走廊里有一位瘦小的老人，蜷缩在一张薄薄的纸板上，旁边放着饭碗和冷馒头。常向阳蹲到老太太身边，询问她的情况。老人来自甘肃省，孙子患了白血病，儿子儿媳在外地打工挣医药费，孩子只能由她带着四处求医。"但凡有一点办法，我也不会睡在这里。你们西安的馒头真贵，一个要6毛钱。"老人一边叹气一边絮叨，"钱要留着看病咧，能省一点是一点吧。"

老人的话深深刺痛了常向阳，从医院出来后，她内心久久不能平静。常向阳知道，其实与甘肃老太太有着相同遭遇的人，并不在少数。因为西安市儿童医院靠近商圈，这一带寸土寸金，食宿消费都挺高，许多农村

家庭为了省下钱来给孩子看病，都选择睡在医院走廊里，用馒头、稀饭充饥，而不舍得去住旅馆。

常向阳回到家里，对丈夫说出了自己的想法："我想在西安筹建一个公益家园，能让外地困难患儿家庭免费吃住……""啥？"丈夫皱眉吃惊，"那得花多少钱？咱是什么家境啊！"

丈夫劝不住常向阳，就转头向岳父母"告状"，希望二老能帮她打消这个冲动念头。却不料，常向阳的父亲听完女婿的汇报后，立即举手表了态："我支持向阳的想法！人，不能

光为自己而活嘛。"

做通丈夫的思想工作后，常向阳开始四处看房子。既要离医院近，环境别太差，还不能打扰其他住户，而且房租也不能太贵。奔波一个多月后，她终于在一起做公益的志愿者朋友的帮助下，租下了西安市儿童医院对面的一间民房。

接着就是修缮、装修、购买家具和厨具……常向阳把自家多年的积蓄，几乎全投了进去。

一切准备就绪后，常向阳给这里取名为"心羽家园"。"心羽"的寓意

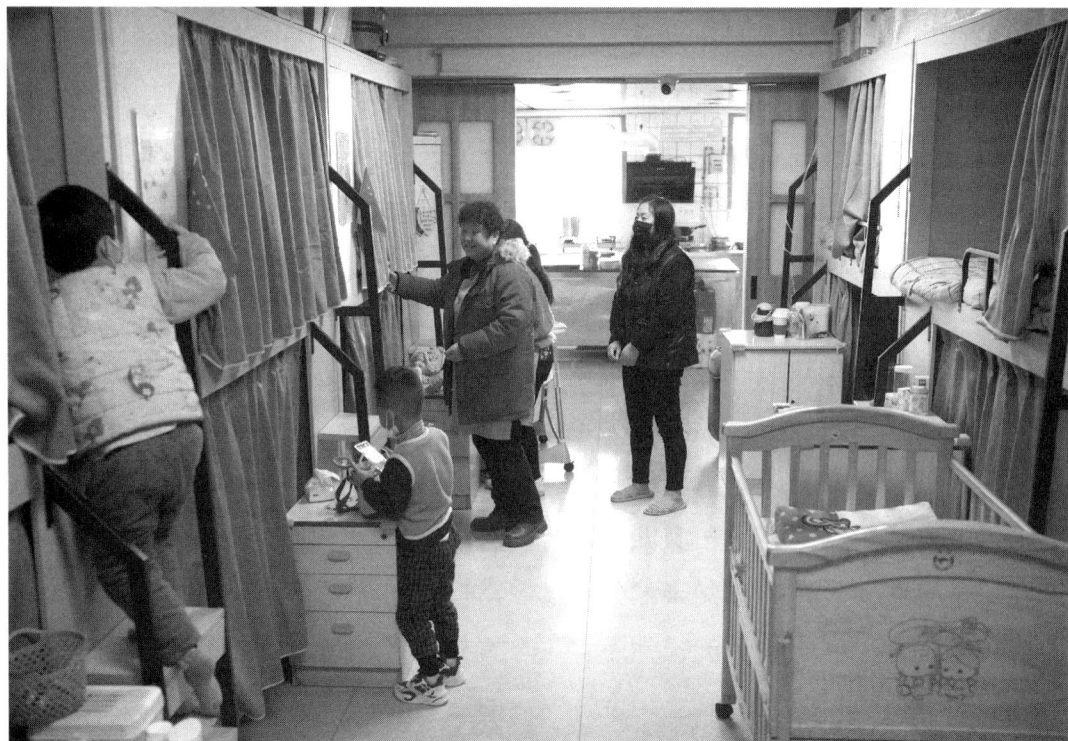

"心羽家园"——异乡患儿在西安的避风港

是给心灵插上翅膀，她想让一个个负重前行的患儿父母，看到生活的曙光和希望。

听说常大姐开设了一个爱心家园，专门给困难的患儿家庭免费提供食宿，几名和常向阳一起做过公益的朋友，也加入了她的"心羽志愿服务队"。

很快，这个爱心家园就开始接收患儿。为了能让外地患儿家庭知道"心羽"，常向阳举着手写的宣传牌，到西安市儿童医院内外揽起了"客"："如果您在治病过程中遇到困难，可求助医院对面的'心羽家园'，我们免费提供食宿。"

但最初，不少人都怀疑常向阳是搞传销的骗子，要么就是开"黑店"的，总之都不敢相信她。

一些穷困的病患家庭，则选择信任这个和蔼可亲的大姐，入住了"心

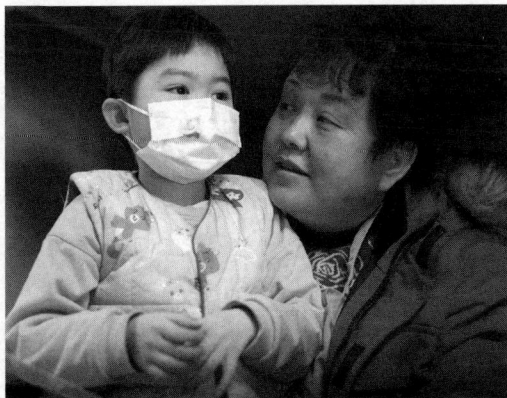

常向阳（右）在照顾"心羽家园"里的小朋友

羽家园"。结果发现，这里不仅有干净可口的饭菜、整洁的床铺，还有人陪着谈心，陪孩子玩耍……而且这一切都是免费的！每一个受助者的心底，都涌起了感动的暖流。

"大家长"不好当，
她曾躲进房间痛哭

经过大家的口口相传，以及儿童医院热心医护人员的介绍，宁夏的小患者琪琪和妈妈来了，陕北的乐乐母子俩来了，之前常向阳在医院走廊里遇到的甘肃老人和她孙子，也入住了"心羽家园"……这个温暖大家庭，从此充满了孩子们的笑声。

"家园"里一间四五平方米的小屋，是常向阳的办公室。女儿在外地求学，丈夫也出去打工了，她平时就住在办公室不回家。"住在这儿心就放下来了，晚上还能给家长们帮忙。"

常向阳说，在"心羽家园"居住的大多是白血病患儿，他们治疗周期长，每星期都要来医院检查。为了给孩子治病，这些父母都背着一身债，平时过得节衣缩食，哪舍得在西安频繁住旅店、买饭吃啊？所以在"心羽家园"出现之前，不管寒暑，他们都会挤在医院走廊里过夜，啃冷馒头。

入住家园后，一个个饱经苦难的

常向阳(前排右一)和"心羽家园志愿服务队"成员

患儿和父母们，终于都能吃上热饭，睡上软软的床铺了。而且在这个爱心驿站，孩子们有人陪着玩耍和照看，家长们也可以敞开心扉交谈，相互慰藉和鼓励。

但常向阳很快就发现，经营这个爱心家园，远比她想象的要难。附近个别小旅馆的老板，有时会给常向阳"使绊子"，恶意造她的谣。因为免费的"心羽家园"，抢了对方的生意；每月的房租、水电、物业费加上所有人的吃喝，最少也要开支2万多元。仅靠常向阳丈夫每月赚到的几千元，以及她自己接零活儿的微薄收入，远远不够用。后来，父母向常向阳伸出

了援手，每月都从他们的退休金中省出6000元，资助"心羽家园"。

常向阳也有脆弱、无助的时候。"常姐，水管爆了""常姐，燃气打不着了""姐，那个旅馆老板娘见我就骂"……家园内外的大小事，全压在她一个人身上。这天，正为交不上房租而发愁的常向阳，又遭遇了接二连三的"破事"，她把自己关在房间里，放声痛哭。"所有的事情都向我袭来，我真的快崩溃了。"

但哭完之后，常向阳又要擦干眼泪，逐一去解决问题。"看着这些可爱的孩子，苦难的家庭，我没有理由抱怨，更不能甩手不管。"

常向阳每一次出门回来，都会给孩子们带一些牛奶和肉食，让他们改善饮食。她还买来康复器械，帮助一些贫困患儿做康复训练，因为在医院做太贵了。为了不让孩子们在该学习的年龄一无所知，家园里到处都贴着拼音、识字帖。

"看着孩子们的身体一天比一天好转，从刚来时走不了路，到现在能自己扶着东西走一段；从刚来时说不了话，到现在学会了简单的问好……我就感觉付出的一切都很值得。"常向阳说。

在"心羽家园"，"60后"忠叔（王文忠）和"90后"小烨子（金姝琦），是常向阳的左膀右臂，几乎每天都在这里照看孩子、打理日常。他们也都是"心羽家园志愿服务队"的成员，和常向阳一样生活得并不富裕，却把自己活成了一束光。

在外打工的患儿父亲们，经常给妻子打视频电话，关心自家孩子在西安的治疗情况。"放心吧，常大姐就是我们的娘家人，住在'心羽'，就和咱自己家一样！"患儿妈妈经常会红着眼圈，这样向老公汇报。

爸爸们也会在电话中对常向阳表达感恩之情，她则叮嘱对方："安心在外地工作赚钱，我们会帮你照看好老婆孩子的。"常大姐知道，他们都是家里的顶梁柱，孩子的医药费，还有家里欠的债，都需要爸爸们努力去挣。她能做的，则是让患儿和母亲减少开支，把钱都花在"刀刃"上，同时也让孩子们的父亲少一份担忧。

**西安"临时妈妈"，
也是母亲们的"娘家人"**

2018年，陕西省洋县的贫困户老袁，得知他不满两岁的儿子患上了脑萎缩。从小失去父母的老袁，在家安顿好患有癫痫的妻子后，独自带着儿子来西安治疗。没过多久，医药费、住宿费、伙食费等各种开销把他四处求人借来的钱花光了。看不到前景的茫然无助，彻底击垮了这个憨厚的农村汉子。当他抱着孩子坐在医院走廊里流泪时，一位病友指点说："大哥，你先去医院对面的'心羽家园'吧，那里管吃管住，遇到困难也能大家一起想办法。"

住进这个爱心家园后，父子俩不仅吃上了热饭热汤，睡得温暖舒适，常向阳等人每天还陪孩子做康复训练。得知老袁的家庭十分困难，常向阳还通过在一些公益组织奔走呼吁，为他儿子募集到一笔治疗费。

父子俩在西安这个"家"一住就是11个月，其间定期到对面的儿童医院给孩子做检查，接受治疗。2019年，老袁的儿子终于康复了！临离开"心羽家园"时，他"扑通"跪倒在常向阳跟前："常姐，你就是孩子的再生父母啊！这份天大的恩情，我们一辈子都不敢忘！"

常向阳说，父亲是她做公益的领路人。老父亲80多岁时，还经常为"心羽家园"的发展出谋划策，每天打电话问这个娃儿怎么样？那个娃儿的检查结果出来没？老爷子来看望孩子们的时候，还会认真检查女儿的工作日记。

2020年10月，常老爷子病危住院，在ICU昏迷了8天后，他醒来第一句话就问女儿："谁在家园照顾娃儿们？"见父亲对孩子们如此不舍，常向阳便回到家园，让孩子们录了一段短视频："常爷爷快快好起来，早日康复，我们等你回来呀！"

当她把视频播放给父亲看的时候，老爷子已经睁不开眼睛，嘴角却露出了满足的笑容，不久后老人去世。

在父亲过"头七"那天，常向阳获得了陕西省"脱贫攻坚奖奉献奖"。领奖回来的路上，她对丈夫说："咱爸在天有灵，一定会觉得很欣慰吧。"说完，她抑制不住自己的泪水，扶着路边的一棵老树哭了起来。

除了父亲，常向阳的每一位家庭成员，也都在"心羽家园"奉献着自己的力量。老母亲时刻操心着孩子们的营养问题，经常是今天包几十个包子，明天买一大堆鸡蛋、面包、汤圆等食物，坐公交车送过来；刚参加工作不久的女儿，总是将单位发的福利带到家园里；常向阳的哥哥白天上班，晚上来家园轮流值班，每天睡觉前还要检查水、电、天然气，以确保安全。

常向阳长年在外打工的丈夫，每次一回到西安，都会带着他买给老

常向阳和父亲的合影

婆和患儿们的礼物，先去"心羽家园"。6年来，妻子为这个家园花费了近70万元，他也从未抱怨过一句。"我岳父说得对，人活着不能只考虑自己，也要为社会作出贡献。"

2021年，有人找到常向阳，拉她一起做生意："你的'心羽家园'位置这么好，如果做成收费的旅馆，每天都能营收几千元，一个月赚十万八万都没问题啊！"常向阳却说："我更在乎的是，每月能给那些困难的病号家庭省下几万元。"

令人欣慰的是，随着常向阳获得"西安好人""陕西省十大公益大使"等荣誉称号，她的事迹渐渐被外界所知，各方也都向"心羽家园"伸出了援手。一些公益组织和爱心企业，会定期送来米面油和衣物等，这也减轻了常向阳的个人经济负担。

2023年6月，常向阳荣登第一季度"中国好人榜"，12月，又入选了第九届全国道德模范推荐人名单。数年来，她为近2000个困难家庭提供了帮助。每一个康复的孩子与常妈妈依依惜别时，她都搂着娃儿不忍放手，内心却又在默默祈祷：希望你健康成长，永远不要再来"心羽家园"！

常向阳犹如冬夜里的一盏明灯，用爱心燃烧自己，照亮了一个个病患家庭负重前行的路。在西安，"心羽家园"解决了众多苦难父母的燃眉之急，也让孩子们多了一个终生难忘的避风港湾。

爱心企业向"心羽家园"捐赠的物资

"逆行者"苏琴

王 丽

2024年3月3日，安徽省合肥市蓝天救援队队长苏琴当选为"全国三八红旗手标兵"。作为不多见的救援队女队长，这位80后"铁娘子"的经历也非同寻常：跳进湍急的洪水中抢险，于万丈悬崖之上救人，率队远赴土耳其地震灾区当国际志愿者……10多年来，她和队友们参加了300多起各类救援行动，于惊心动魄中挽救了一条条生命！身为弱女子，苏琴为什么要一次次逆风而行，迎险冲锋？

结缘公益，辣妈变身"蓝衣英雄"

"苏琴！快去抗洪前线救人……"2020年7月14日夜，暴雨袭击江淮大地，湍急的洪水到处肆虐，苏琴接到任务后，率10名救援队员到皖南山区排查搜救。现场坡陡路滑，她和队友摔倒在地，磕破了腿。但作为全队唯一的女潜水员，苏琴顾不上伤痛，一头扎进冰冷的山泉中，搜索到深夜……任务结束时，她的手臂已冻得发紫，腿上鲜血直流。

将获救人员送上救护车后，苏琴回到合肥时已是凌晨，却发现丈夫和儿子站在小区门口的路灯下，等她平安归来，父子俩都熬得双眼通红。苏琴既内疚又心疼："你们等我干吗，快回家睡觉呀！""怕你被洪水冲走，再也见不到我们。"丈夫没好气地说。

"妈，刚才我们一直在看抗洪直播，现场太危险了！以后你别去了好吗？"面对儿子近乎央求的劝说，苏

苏琴荣获"全国三八红旗手标兵"称号

琴强绽笑颜回答："放心吧，妈是潜水高手，人家都喊我蓝衣女英雄呢！"

利落短发、明亮双眼、麦色皮肤、瘦削身材，穿一身醒目的"救援蓝"。1980年出生于安徽省青阳县的苏琴，给人一种干练沉稳的感觉。她从小善良勇敢，心中怀揣着一个救人于危难的"巾帼英雄梦"。

2003年，从家乡来到省城合肥市工作的苏琴，业余成了一名户外运动爱好者，跑步、游泳都挺厉害。一次，苏琴和朋友一起徒步徽杭古道时，遇到几名外地游客在寻人。原来，他们有一名队友在下山时走散了，天色已晚，山上又没有手机信号，大家都很焦急。苏琴就和朋友加入了寻人的队伍……

幸运的是，历经一个多小时的搜寻后，苏琴等人终于找到了那名迷路的小伙子。"天哪，刚才要不是听见你们的呼喊，我止住了脚步，再往前走就掉进深山沟了！"年轻人一脸感激和后怕。苏琴用强光手电一照，在他身后不远处，是一条深达70多米的山沟。

正是这次有惊无险的经历，让苏琴强烈意识到救援工作的重要性。"关键时刻的挺身而出，就能挽救一条生命，保住一个完整的家庭啊！"此后，一旦听说哪儿有人落水了，谁家的亲友走失了……她都会挺身而出。

一次跑马拉松时，苏琴认识了外地2名蓝天救援队的成员。她这才了解到，蓝天救援队是著名的公益性救援组织，全国有超过5万人身穿蓝色队服，为陌生人的生命安危奔波救援。

苏琴对他们肃然起敬，她也想加入这个英雄的民间组织，拯救生命！

2012年，听说合肥市也成立了蓝天救援队，苏琴很激动。丈夫陆海涛知道她是个热心人，但还是忍不住劝妻子："你的公司才有起色，我又刚升任工程师，家里还有上初中的孩子需要照顾，确定要长期做危险的救援工作？""确定，那都是一些人命关天的救援啊！我公司的事耽误些没关系，反正有手下人顶着。"苏琴坚定地说，她想为社会做点正能量的事，这样对儿子的成长也有益。就这样，她果断穿上蓝色队服，成了当地蓝天救援队最早的队员之一。从此，驾船、潜水、陆搜、急救……苏琴努力学习着各项技能。

当时队里的女性志愿者很少，像

合肥市蓝天救援队工作照

潜水、攀岩等高难度的运动技能，一般只有男队员训练。苏琴却要把所有技能全学一遍，还向男队长表态说："救援现场不分男女，把我当男人一样锤炼就行！"

逆风而上，与死神赛跑的"铁娘子"

苦练出一身本领后，每次外出救援，苏琴总是第一个冲在前头。无论是凌晨寒冷的街头，荒郊野岭的河边，还是百里之外的灾害现场，总会出现她匆忙的身影。

2013年12月初，合肥市蓝天救援队接到一个求助电话：一位78岁的老人走丢了。苏琴和队友们急忙赶到现场，向老人的亲属了解情况，制订寻找方案，并分头行动……当晚9点，苏琴和同伴搜寻到一条干涸的小河沟时，发现走失的老人躺在沟底，气息奄奄。

两天没进食，老人的身体已经很虚弱。苏琴脱掉自己的棉大衣给他穿上，急忙拨打120……所幸老人无大碍。次日，几名家属将一面写着"真心救援，大爱无疆"的锦旗送到救援队，表达了真挚谢意！

后来接到的寻人求助多了，合肥蓝天救援队还根据苏琴的提议，专门成立了一个"防走失小组"。他们利用无人机、无线电通信等技术，协助家属找寻走失人员。苏琴还想到为患有失智症的老人免费发放"黄手环"，上面有其亲属的联系方式、家庭住址等信息，一旦老人走失或发生特殊情况，他人发现后可以联系其亲属或帮忙送回。

2015年6月，苏琴又和队友们奔赴湖北长江大马洲水道，参加了"东方之星"号沉船的救援工作。参与水下搜救时，苏琴强忍着生理期的不适，一次次潜入江水中……等到大营救结束时，她也早已经累到虚脱。

因在救援工作中表现突出，2015年冬天，苏琴在众人的推荐下成为队长。上任不久，她就接到一项新任务：合肥一架直升机出现事故，不慎坠机！

深夜的董铺水库大坝上寒风刺骨，苏琴和队员们坚守一线，研究着打捞方案，一点点探讨摸索……最后他们成功定位到了飞机和溺水人员的位置——湖心岛屿西南侧水域。当晚12时10分，飞机被打捞出水面。

2016年6月，安徽桐城因暴雨引发水灾，苏琴夜里接到出任务的电话时，儿子正在发高烧。她只能让丈夫照顾好孩子，转身就率救援队成员冒着大雨，连夜赶到了桐城。

大家在黑夜中深一脚、浅一脚地摸到受灾最严重的村子，和村干部一家家地转移群众……3天时间，蓝天救援队共转移1000余名群众，其间饿了吃口压缩饼干，累了就趴在桌子上眯一会儿。当地群众看了既感动又心疼，又专门乘船给苏琴等人送来蚊香、米饭和八宝粥。"好闺女，我的命都是你给的，这点东西请你一定要收下啊！"被苏琴救下的一位老太太，含泪拉着她的手说。

几个月后，苏琴又赶赴云南苍山，搜救一个在山里失踪了12天的小

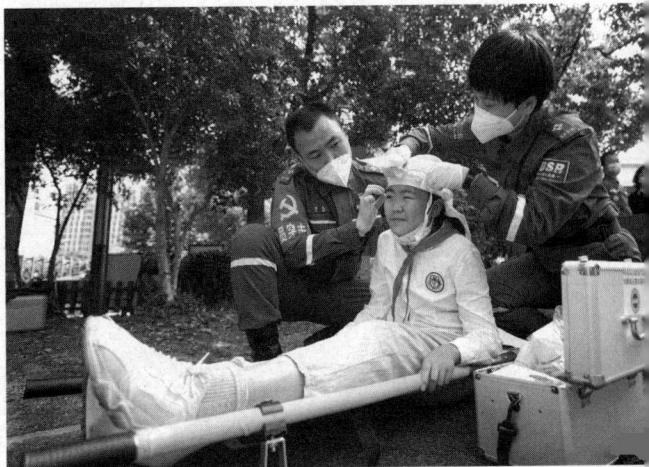
苏琴（右）在"防震减灾进校园"活动中

伙子。海拔4000多米的峡谷陡峭而危险，穿行其间寻人的过程中，稍不留意就有可能丢掉性命。苏琴就因为一脚踩空，差点儿掉下万丈悬崖！幸运的是，崖壁上丛生的藤蔓救了她一命……

在生死瞬间，她不禁想到了年迈的母亲、温厚的丈夫和懂事的孩子。苏琴这才忽然发现，自己这几年总是匆匆忙忙，奔波于创业赚钱和四处救援的道路上，很久都没有好好陪伴家人了。被队友从悬崖下面营救上来的苏琴，在劫后余生的心悸中泪流满面。

她害怕死亡，但也不想让别人绝境无援。缓了口气，苏琴又果断下令："时间就是生命，大家赶紧继续搜寻！"话落，她又带着队友们寻找失踪者。但这次很遗憾，等在崖底找到对方时，他已经死了。"小伙子应该是为情所困，最后跳了崖，这件事让我难过了很久。"苏琴感到十分惋惜和遗憾。

苏琴每一次外出救援，家人都会打电话询问情况。大人孩子心里都知道她接那些任务的危险性，所以要求苏琴每天往家里报个平安。"可一旦忙碌起来，我根本顾不上摸手机，所

工作中的苏琴

以……这些年没少让他们担心。"对于家庭，苏琴一直心存愧疚。

由于经常外出救援，儿子开家长会她没空去，老人孩子生病了她也经常无法陪伴。有一次家里来了两位长辈亲戚，全家老小正陪客人其乐融融地吃晚餐，苏琴的电话响了，接到救援任务的她飞奔而去……

丈夫陆海涛长叹一声，替苏琴向亲友们解释："我家'铁娘子'就是这样，遇到特殊救援情况要和死神赛跑，所以也顾不上咱们了。"

美丽"逆行者"，
冲进300多场灾难救人

苏琴这位旅游公司老板，蓝天救援队女队长，以前忙着出差带队旅游，如今忙于拯救生命。与丈夫结婚10多年，两人一直聚少离多。和爱人一同看场电影、庆祝结婚纪念日之类的小浪漫，他们也几乎没有。

因为苏琴忙着工作，忙着救人，忙着给救援志愿者做培训……她的手机始终保持24小时开机，每天上午处理完公司的事情，她就会去队里，然后便有接不完的电话，出不完的任务。

丈夫陆海涛一开始也有抵触情绪，说自己"悔不该娶个女英雄回家，连过正常生活都快成一种奢望了"。但每当看到蓝天救援队获赠的那一面面锦旗，以及送旗人感动大哭着喊苏琴救命恩人时，他的心就又软了，他也会和获救者一样，对妻子和她的队友们心生敬意和感动！

"哪有什么岁月静好，不过是有人替我们负重前行。军人、警察、消防员和蓝天救援队这种公益组织，不都是和平年代的英雄吗？"丈夫陆海涛感慨地说。

被几件事触动以后，他开始全力支持妻子的工作。每当苏琴回来跟家人分享救援经历，婆婆和老公总会叮嘱她一定要多加小心；儿子则会说："妈妈，你真棒！"这些充满温暖和鼓舞的话语，成了苏琴在援救道路上勇往直前的底气。

2019年3月，非洲东南部发生严重的洪涝灾害，导致山体滑坡、库坝决堤，给莫桑比克共和国造成了重大人员伤亡和财产损失。中国应急管理部迅速组建救灾力量，并派出苏琴带领的合肥市蓝天救援队等数支救援队伍远赴莫桑比克……

她也不辱使命，在为期两周的跨国救援行动中表现得专业而出色，被当地媒体称赞为"冲进风暴救人的中国女英雄"！

苏琴是一名"逆行者"，当普通人纷纷逃离风暴、洪水、地震等自然灾害时，她却会奋不顾身地率队冲进重灾区，在惊心动魄的画面中咬牙救人。"没办法，自从穿上这身'英雄蓝'，我就有了一种使命感——一定要在各种危机面前，竭尽所能地挽救生命！"

2020年疫情暴发后，对苏琴的旅游公司冲击很大，使其陷入了亏损经营的状态。但纵使如此，她还是和丈夫拿出个人积蓄，并向社会募捐了善款，为疫情最严重的地区捐助了医用口罩和防护服。从筹集、转运抗疫物资，到值守高速公路、机场等重要关口，以及校园环境的消杀等，也都有她和蓝天救援队成员们忙碌的身影。

2021年7月，河南郑州遭遇强降雨引发的水灾后，苏琴又立即带队驱车千里，紧急展开救援行动。其间，她始终保持应急救援的高度敏感性，对指挥调度、外联对接等工作通通亲力亲为，全面参与。连续8天时间，她每天只睡两三个小时，只为让前线行动更高效、更安全，并在短期内筹备了数十万件救灾物资送往灾区。救援归来后，这位"铁娘子"瘦了一圈，随后就生病输起了液。

2023年2月，土耳其地震发生后，包括合肥蓝天救援队在内的中国驰援力量，迅速飞抵灾区。苏琴带队展开了连续7天的救援，凭借"不抛弃不放弃"的死磕精神，她最终在大家认为不可能再有人存活的地方，成功救出了一名幸存者。

经常有人问苏琴：你一个女人，冲在那么危险的救灾前线不害怕吗？她说："如果危险来临的时候大家都怕，都不敢上前，那还怎么拯救生

苏琴与同事们深夜开会，筹备驰援河南

命？我是队长和党员，我必须上。和平年代，你我皆可成为英雄。"

加入救援队12年来，苏琴一直活跃在国内外抗洪抢险、抗震救灾、水域救援和防灾减灾培训等志愿服务活动中。她先后参加了300余起各类救援行动，带领队友们挽救了几十条宝贵的生命；她在社区和校园开展防灾减灾讲座300多场，培训志愿者5000余人，为救援和公益事业立下了汗马功劳！

如今，合肥市蓝天救援队已有在册志愿者400多名，包括无人机飞手28名、潜水员29名、绳索技术员10名、红十字急救导师15名……从城市救援到水域救援、山野救援、地震救援等，堪称"全能英雄"的他们，已成为政府应急体系的一支重要辅助力量。

2024年3月3日，苏琴一家在被评选为"全国最美家庭"之后，她又获得了"全国三八红旗手标兵"荣誉。面对丈夫和儿子的祝贺，苏琴拉紧他们的手，眼含着泪光说："10多年来，正是你们默默的爱和支持，让我获得了逆风而行、拯救他人的勇气！"

纸剪情深

孙学铭 / 剪纸作品

问：牙齿酸疼可以用药物牙膏吗？

在很多广告中都宣传牙膏具有各种防治牙齿疾病的作用，人们就将之当作药物来使用。其实，只有"药字号"的牙膏才是"药物牙膏"。如果不是"药字号"，其宣传的各种防治牙齿疾病的功效，都属于虚假宣传。不同功效的"药字号"牙膏，都含有一定量的药物，但这不代表药物牙膏就等同于治疗牙齿疾病的"药"，其具备的往往是辅助治疗作用，或者仅止于缓解症状。例如止血、镇痛、脱敏等，而症状缓解并不说明牙齿疾病就治好了。如果一出现症状就靠药物牙膏缓解，却不去医院治疗，那么只会让牙齿疾病越来越严重。

问：得了脂肪肝还能进补吗？

脂肪肝患者是可以通过膏方进补的，前提是因人制宜、一人一方。而且，中药膏方在调理脂肪肝方面还是有其独到优势的，适合脂肪肝这一慢性病的调理。脂肪肝患者膏方调理的特点是：补而不腻、通而不损、辨证施药，将疏肝健脾贯穿始终，兼顾燥湿化痰、理气活血、化瘀通络。针对脂肪肝患者，在膏方中加入绞股蓝、荷叶、泽泻等，能益气健脾、渗湿化痰，具有降脂功效；加入生山楂、柴胡，能疏肝理气、消食健胃、消痰饮、除痞满。

问：体检时发现血糖高，而自己没有任何不适症状，请问需要治疗吗？

对于没有任何症状，仅于体检时发现血糖高的患者要及时就诊，进行生活方式干预及药物治疗。若听之任之，会逐渐出现如四肢麻木疼痛、视物模糊、肾功能损害等并发症，且很难逆转，严重降低生活质量。对于已经确诊并接受治疗的患者，要严格监测血糖，按医嘱服药，定期就诊，将血糖控制在目标范围内，可以延缓各种并发症的发生。